朝日文左衛門三度目の伊勢まいり

およそ300年前、朝日文左衛門は第47回式年遷宮に合わせて参宮している。その4年前の宝永2年には京都の宇治に端を発してお蔭参りが起き、最盛期には1日に22、3万人が松坂を通過していた。

宝永6年（1709）4月20日午後9時半頃出発

巾下門で堀川を渡る

枇杷島

駕籠

佐屋　21日午前5時頃着

船

桑名　午前9時過ぎ着

富田　昼前着

神戸　午後5時半頃着 宿泊 22日午前3時出立

佐屋の舟場跡（現愛西市）→P.71

桑名七里渡し跡→P.73

神戸城址→P.76

白子山観音寺仁王門→**P.81**

白子港→**P.81**

白子

白子山観音寺

白子山観音寺の不断桜→**P.81**

白子山観音寺の不断桜→**P.81**

白子山観音寺の不断桜→**P.81**

塔世橋→**P.96**

鈴鹿市伝統産業会館→**P.85**

津

とうせ茶屋

四天王寺

大黒屋光太夫記念館→**P.89**

四天王寺山門→**P.96**

大黒屋光太夫像→**P.89**

津城址→**P.98**

恵日山観音寺→**P.96**

津

恵日山観音寺大門
東雲寺
垂水山成就寺

池の谷古墳から藤方方面→**P.100**

池の谷古墳→**P.99**

結城神社の枝垂れ桜→**P.100**

東雲寺の山ツツジ→**P.100**

月本追分→**P.105**

垂水山成就寺前→**P.101**

月本追分　雲出川　高茶屋　藤方

現在の雲出橋（昔の橋の位置から撮影）→**P.104**

雲出川右岸土手からの集落→**P.104**

松浦武四郎生家→**P.104**

小田橋→**P.110**

小俣の街道→**P.107**

松坂

駕籠（小俣まで）

櫛田

新茶屋

小俣

宿泊
23日
午前5時過ぎ
出立

外宮前
高倉山

外宮参拝
天岩戸詣

勢田川

小田橋

伊勢市駅ホームからの高倉山→**P.108**

伊勢市駅方面からの高倉山（麓が外宮）→**P.108**

外宮前→**P.108**

夫婦岩と二見興玉神社（当時ここにはなかった）→**P.116**

おかげ横丁→**P.111**

内宮参拝

茶屋で休憩 ── 午前10時頃

午後芝居見物

御師宅 ── 宿泊

24日午前6時半～内宮正殿立柱祭

御師宅 ── 朝食 午前9時過ぎに出立

立石（夫婦岩）

五十鈴川河口近くの塩合の渡し

勢田川沿いの二軒茶屋

勢田川と河崎の町並み→**P.116**

宇治橋→**P.111**

俳祖守武翁遺跡→**P.111**

御城番屋敷→**P.116**

河崎商人館→**P.116**

- 河崎
- 宮川　桜の渡し
- 小俣
- 新茶屋　午後7時半頃着
- 櫛田
- 松坂　午後10時過ぎ着　宿泊　25日午前5時出立
- 津　とうせ茶屋
- 上野
- （駕籠）
- 神戸
- 日永追分
- 四日市　午後9時頃着　宿泊　26日　午前5時過ぎ出立
- （駕籠）
- 桑名　午前10時半頃着
- （船）
- 熱田　午後2時半頃着

日永追分→**P.118**

宮川の桜の渡し→**P.116**

熱田七里渡し→**P.118**

安永4年（1775）年からへんば餅を売る店→**P.116**

遠いむかしの伊勢まいり

朝日文左衛門と歩く

大下　武

はじめに

今年はお伊勢さんの式年遷宮にあたり、関連の本がたくさん店頭に並んでいる。関心があって何冊か購入したが、意匠の目新しさほど内容に違いがないとわかり、買うのをやめてしまった。それでもグラビア中心の本は写真が見事で、「こんな撮り方もあるんだ」と感心することが多い。やはりプロの感覚は違う。

以前自分の関わる資料集に「伊勢への旅」を書くことがあって、伊勢路をいくつかに刻み、最寄り駅から歩いたが、実際に神宮へ参拝した回数はさほど多くない。それも外宮《げくう》に比べ内宮《ないくう》参拝が少ない。その程度の経験で式年遷宮の年に本を書くのもおこがましいが、本書の中心をなす「伊勢への旅」は、江戸か、もっとむかしの話だ。

筆者が住む愛知県北部の春日井市は、名古屋市に隣接した地で、江戸時代の「尾張藩」あるいは「名古屋藩」に含まれる。どちらの呼称が正しいか、ともに言い分があってなかなか定まらない。「何々藩」という言葉自体、江戸時代に使われることは少なく、普通は「尾張殿」と敬称で記した。江戸の絵図にも「尾張藩上屋敷」ではなく、「尾張殿上屋敷」と記されている。おそらく「幕藩体制」といった用語が教科書を介して流布し、全国が藩だらけになったのだろう。

その尾張藩に元禄のころ、朝日文左衛門重章《しげあき》という〈この時代を存分に生きた〉藩士がいた。〈存分に〉というのは、長寿の意味ではない。享年四五（数え）はむしろ短命である。父が八一歳、母はその翌年に亡くなっている。母の年齢を幾らか差っ引いたとしても、かなり長寿の家系だ。文左衛門が、あと三、四〇年はあるはずの「余命」と引き換えたのは、お酒だった。実直で学者肌の父から、「筆まめ」と「人の好さ」を受け継いだものの、酒が思わぬ落とし穴になった。二日酔いでゲンナリしている彼に父は言って聞かせる。

「よいか、酒を飲むなとは言わぬ、せめて量を減らしてはどうか……」と。

文左衛門の禁酒は、三日ともたない。父の言葉を疎《おろそ》かにしているわけではなく、その日の日記には必ず「父の言葉が骨身に沁みた」と書き付けている。しかしついに深酒と縁を切ることはできず、のちに黄疸《おうだん》もあらわれ、おそらく肝硬変で亡くなったと思われる。

それでも〈存分に生きた〉というのは、酒害で命を縮めたことを含め、そういう表現に相応《ふさわ》しい生き方なのだ。市橋鐸《いちはしたく》氏（『鸚鵡籠中記』の翻刻者）や神坂次郎《こうさかじろう》氏（『元禄御畳奉行の日記』の著者）をはじめ、文左衛門の日記に接した多くの人たちを虜《とりこ》にしたのは、彼が時代を超えて羨《うらや》ましいほどの〈自由人〉であったためだ。

根っからの好人物で、友人にも恵まれ、妻を除けば生涯喧嘩らしい喧嘩をしていない。妻のやきもちとヒステリーに辟易《へきえき》してついに離婚したが、浮気相手の下女を妻に迎え、再び同種のヒステリーに悩まされている。しかし悩まされながらも日記を書き続け、たとえひどい二日酔いの日でも「今朝地震あり」「オオカミが出て小児を食い殺す」「寒くて硯《すずり》の水凍る」「味鋺《あじま》へ殺生（魚捕り）に出かける」「寺の門前で心中事件あり」「大根畑に女の死体あり」「若宮八幡で斬り合いのケンカあり」そして何度も「妻の悋気《りんき》（嫉妬）耐えがたし」などと書き綴っている。

その日記は二七年間、元号でいうと貞享《じょうきょう》から元禄《げんろく》、宝永《ほうえい》、正徳《しょうとく》、そして享保《きょうほ》に及ぶ。綱吉公の生類憐み令を痛烈に批判して鳥や魚を食し、尾張徳川家に対しても主君の批判は慎重に避けるものの、奥方に対しては容赦ない。またどこからネタを仕入れてくるのか知らないが、江戸城内の刃傷事件、吉良邸への討ち入り、江島事件、荻原重秀の貨幣改鋳、宝永の富士山噴火など、実に詳しく書いている。

江戸時代と言えば封建的で、士農工商の身分制度のため庶民は抑圧され云々という時代観が一般だ。確かにそうなのだが、日記に描かれた世界はそうした観念的な常識とは違って見える。文左衛門の筆致《ひっち》のせいか「士」の特権すらどこか間が抜けていて可笑しいし、一方の庶民は滅法明るい。そういう時代の中の「お伊勢まいり」を、文左衛門の『鸚鵡籠中記《おうむろうちゅうき》』を拠り所に辿ってみよう、というのがもともとの趣旨で、伊勢神宮そのものより旅程の紹介に重きをおいた。とはいえ、今すぐ伊勢旅行に出発するわけにはいかない。朝日文左衛門の身辺のことや勤務先の「名古屋城」のこと、文左衛門が生まれ育った環境についてもぜひお話ししておきたい（第二章）。

そしてもうひとつは、いささか弁解じみる。実は「はじめに」で、「伊勢参りのルーツ」についてその概要を書き始めたが、つい深入りしすぎて引くに引けなくなり、致し方なく「独立の章立て（第一章）」とした。引くに引けない事情を、文中から読み取っていただければ幸いである。

遠いむかしの伊勢まいり　朝日文左衛門と歩く　目次

装丁・口絵デザイン　田中淳子
写真　大下　武

第一章　坊さんの伊勢まいり

勧進聖の重源

「お坊さんの伊勢まいり」と云われてもピンとこないが、「むかし、お坊さんの集団が、伊勢神宮に参詣した」と聞けば、ハテナと思うだろう。さらにこれが記録に残る「最古の神宮参詣」、つまり「お伊勢まいりのルーツ」となれば「まさか」と疑う。しかし本当の話だ。その集団のリーダーをつとめた「ある聖《ひじり》」の話からはじめよう。

平安時代の終わり頃、重源《ちょうげん》（一一二一～一二〇六）という真言密教の僧がいた。偉いお坊さんだが、いわゆるエリート僧ではない。真言僧でありながら当時流行した浄土教に深く帰依《きえ》し、多くの「聖」たちとともに、全国の山中に修行した。また、「勧進聖《かんじんひじり》」たちの先頭に立ち、東大寺復興の大事業に身を投じた。よく似た人物に、行基《ぎょうき》（六六八～七四九）がいる。四〇〇年前の「天平《てんぴょう》の世」に活躍した「ひじり」で、重源自身この行基を強く意識していたフシがある。

「聖」は聖賢の意味の「高僧」を指す場合もあるが、一般には全国を遊行《ゆぎょう》行脚《あんぎゃ》する僧たちをいい、民俗学では「聖」と区別し、「ひじり」と仮名で表記する。「日知り《ひし》」つまり「日の吉凶」を占う民間宗教家から生じた名というのが、著名な民俗学者柳田国男《やなぎたくにお》の説であり、一方、五来重《ごらいしげる》氏は「火治り《し》（火を管理する）」説を立てた。

頼朝が挙兵し、各地で合戦を繰り広げた治承《じしょう》四年（一一八〇）の一二月二八日、平重衡《しげひら》は反平氏の拠点と目《もく》された奈良の興福寺、東大寺に進攻して火を放ち、両寺の堂塔を悉《ことごと》く焼き払った。東大寺大仏殿は崩れ落ち、焼け爛《ただ》れた盧舎那仏《るしゃなぶつ》の胴部だけが、焦げた柱列の中に取り残された。『平家物語』は「わが朝《ちょう》はいうに及ばず、天竺《てんじく》（インド）、震旦《しんたん》（中国）にもこれ程の法滅《ほうめつ》あるべしと覚えず」と記し、九条兼実《かねざね》はその日記『玉葉《ぎょくよう》』で、「世のため民のため、仏法・王法滅尽《めつじん》しおわるか」と歎じた一大事件であった。

廃墟と化した焼け跡を、「造《ぞう》東大寺長官《かみ》」に任じられたばかりの藤原行隆《ゆきたか》が訪れ、しばし呆然と眺めた。後白河上皇から託された「南都復興」の難事業に、気が滅入ったのだろう。そんな彼のもとを、ひとりの聖が訪れる。彼もまた焼け跡を具《つぶさ》に視察したが、行隆とは逆に東大寺再建の情熱をたぎらせていた。「聖」の名は俊乗坊重源《しゅんじょうぼうちょうげん》、教科書に肖像彫刻（座像・国宝）が紹介される著名人だが、その人物像については、今ひとつハッキリしない。

高野聖

ある人は、重源を「高野聖」のひとりに数える。高野山で修行し、各地を回りながら募金や布教に努めたお坊さん（勧進僧《かんじんそう》）、という意味ではそうかもしれない。しかしのちに高野聖といえば行商を兼ねる下層僧侶を指し、「高野聖に宿貸《やどか》すな、娘とられて恥かくな」と俗謡（地口《じぐち》）にまで口ずさまれるようになっては、なかなか「高野聖のルーツ」とはいいにくい。

重源と同時代の西行《さいぎょう》も同じである。宗教民俗学者の五来重氏はかつて西行を「高野聖」としたため、国文学者の間で物議を醸《かも》した（『高野聖』一九六五年）。西行を敬愛する人たちは「物乞い僧扱いされた」と受けとめ、承服しかねたのである。

五来氏は「高野聖の堕落したイメージは後世のもので、高野山の勧進の伝統は既に開祖空海《くうかい》にその萌芽があった」とされ、空海が高野山で行った「万燈万華会《まんとうまんげえ》」（天長九年〈八三二〉）が、のちに「長者の万燈より貧女の一燈」という勧進の伝統へつながり、高野聖を生み出したと説かれた（『勧進の聖たち』）。

一方西行の研究者として知られる目崎徳衛《めざきとくえ》氏は、「草庵生活者（西行）と勧進僧とは似て非なる」存在であり、「共通の側面だけを拡大して、本質論に短絡したのは誤り」とされる（人物叢書『西行』）。このあたりの捉え方がむつかしい。

目崎氏のいう「草庵生活者」とは、例えば「百人一首の坊主めくり」につながる系譜で、「わが庵《いほ》は都のたつみ（辰巳・巽）しか（鹿）ぞすむ　世をうぢ（宇治）山と人はいふなり」で知られる平安初期の遁世者喜撰《きせん》法師（生没年未詳）にはじまり、「今こむと言ひしばかりに長月の　有明の月を待ち出でつるかな」と詠じた素性《そせい》法師（生没年未詳。遍照《へんじょう》僧正〈八一六～八九〇〉の子）、「八重《やえ》葎《むぐら》しげれる宿のさびしさに　人こそ見えね秋は来にけり」と詠じた恵慶《えぎょう》法師（生没年未詳）から、西行が敬愛して止まない能因《のういん》法師（九八八～?）の「嵐吹く三室の山のもみぢ葉は　龍田の川の錦なりけり」にいたる。いずれも「数寄《すき》の遁世《とんせい》者」と呼ばれる法師たちであった。

彼らは「草庵の生活者」であり、西行が求めるところの「理想の生き方」を実践した人たちであった。ただし西行自身の坊主めくりの歌「嘆けとて月やはものを思はする　かこちがほなる我が涙かな」は、『山家集』の「恋の部」から採られた「月」の題詠で、「草庵の生活者」にしてはいささか色っぽ過ぎる。

五来氏の「西行は高野聖」とする論文のなかに、目崎氏のいわれる「草庵生活者としての西行」は、言葉としてもイメージとしてもまったく出てこない。両者の論を読み比べてみて、その隔たりの大きさを感じる。はじめからかみ合わない。筆者にその当否を云々する気はないが、仏教史研究に五来氏が果たされた役割は、正当に評価されるべきだろう。これまで「教義や教団や学侶たち」を中心に語られてきた「上からの仏教史」に対し、庶民を巻き込んだ大きなうねりを重視し、そこに高野聖たちの主体的なかかわりを見出した「庶民仏教史観」ともいうべき新たな切り口は、のちの研究者たちにも多くの影響を与えたからである。

泉鏡花の『高野聖』

泉《いずみ》鏡《きょう》花《か》の代表作に、『高野聖』がある。五来氏の書名と同じなので、気になっていたが、やはり五来氏も鏡花の作品を意識されていたようだ。氏は高野山の研究をされるまで小説『高野聖』に描かれた「道心堅固な高野聖のイメージ」を抱いていて、やがて研究が進んでそのギャップに戸惑われた、という。そして鏡花の名作も「世に誤解を与えた点では、歴史家の批判を受けなければならない」と記された。この点、筆者の読後感は異なる。簡単にストーリーを紹介しておこう。

若狭へ帰省する「私」が、汽車で乗り合わせた旅の僧（実は高野山出身の高僧）と敦賀《つるが》の旅籠《はたご》で同宿することになり、その夜、僧から寝物語に聞かされたのが、修行時代の「妖《あや》しい体験談」であった。

むかし信濃から飛騨へ行脚《あんぎゃ》の途、分かれ道に差しかかり、僧は危険な近道を選んだ。そのため蛇や山蛭《やまひる》に襲われ、体中血まみれになって漸《ようや》く山中の一軒家にたどり着く。そこには「小造《こづく》りの美しい女」が白痴の亭主と棲《す》んでいて、僧を近くの清流へ誘《いざな》った。水辺で猿やコウモリやヒキガエルが女にまとわりつく不思議な光景を目にし、やがて女は裸になって僧の体を洗ってくれるが、僧はついに心を動かされなかった。

翌日女に見送られて僧は出立する。しかしふと脳裏によみがえった真っ白な肢体が、どうしても脳裏から離れない。悶々と悩んだ挙句、ついに戻る決心をしたとき、昨日女の家で見かけた親仁《おやじ》が馬を連れて通りかかり、僧の心底を見透かしたように「女の正体」を語って聞かせる。

「妄念《もうねん》は起さずに早う此処《ここ》を退《の》かっしゃい、助けられたが不思議なくらい、嬢様別してのお情じゃわ。生命《いのち》冥加《みょうが》な、お若いの、きっと修行をさっしゃりませ」と諭した。

親仁の連れている馬は、僧より一足先に宿へ着いた旅人のなれの果ての姿だった。

何とも落ち着かない妖しい世界だが、明治三三年、鏡花二八歳の作品である。話が汽車から始まっていなければ、江戸以前の咄《はなし》だと思うだろう。

作中の「私」は、新橋から東海道線経由で若狭《わかさ》へ向かった。途中掛川からくだんの僧が乗車、名古屋で客の大半が降りたため、残された二人はおのずと打ち解けて、米原《まいばら》を過ぎるころには、敦賀《つるが》での同宿を約束していた。その敦賀の宿で語られた僧の修行時代の話だ。

いま米原から琵琶湖東岸を北上する鉄道は北陸本線だが、明治二二年開通した当時の米原・長浜間は東海道線に属し、その先の長浜・敦賀港間は「東海道線支線」とされていた。北陸線は明治二九年開通の「敦賀・福井間」が最初で、翌年小松まで伸び、その翌年金沢まで、さらに翌三二年ようやく富山につながった。いまのように米原以北をすべて北陸線と呼ぶのは明治四二年以降のこと、したがって「私」と「僧」が敦賀まで乗り合わせたのは、当時の「東海道線」と「その支線」ということになる。

序《つい》でながら、「私」の帰省先若狭へは、いま敦賀から小浜《おばま》線を利用するが、同線が若狭町十村《と むら》まで通じたのはずっと後の大正六年のこと、同宿した翌日、僧が永平寺へ向け出発するのを見送ったあと、「私」はどういう方法で若狭へ向かったのか、少々気がかりである。なお作者の泉鏡花は金沢の出身で、若狭ではない。

さて本題に戻ると、この小説のテーマは、まだ「道心堅固」になる以前の若い修行僧を襲った誘惑であって、どちらに転ぶかわからない危うさを、幻想的な世界の中で描いたものだと思う。そういう読後感であった。したがって鏡花のころ（明治中頃）の「高野聖」観がうかがわれる作品と考えていた。行脚の僧が聖・俗の境《さかい》を危うい足取りで遊行《ゆぎょう》し、なんとか「聖」の側に踏みとどまった。鏡花も、地口に語られる堕落した「高野聖」の実態を知っていたし、一方で修業を積んだ高野の偉い僧も知っていただろう。その両者の境目の若い世界を描きたかったのだろうと思う。

西行、重源の高野聖説の問題は今暫くおくことにして、重源との出会いの話へ戻ろう。

重源との出会い

西行と重源との出会いは、正確にはわからない。目崎氏も「重源が高野山に止住《しじゅう》した時期は、西行の高野に草庵を結んだ時期と重なるから、この間に両者が相知ったことは想像に難くない」とされ（前掲書）、それ以上触れられていない。

西行は三〇歳から六〇歳までのおよそ三〇年間（一一五一～八〇）、高野山にとどまった。一方の重源は、醍醐寺を離れ高野山に新別所「専修往生院《せんじゅおうじょういん》」（念仏修行者たちの拠点）を開いたのが承安元年（一一七一）頃、「東大寺造営大勧進」の宣旨を賜り高野山を離れるのが養和元年（一一八一）なので、西行の最後の一〇年と重なる。

一口に高野山といっても広大である。摩尼《まに》、楊柳《ようりゅう》、転軸《てんじく》の高野三山に囲まれて弘法大師御《ご》廟《びょう》が築かれ、それにつづく標高八〇〇メートルの山上に大門《だいもん》、金剛峰寺金堂《こんごうぶじこんどう》をはじめ、根《こん》本大塔《ほんだいとう》や御影堂《みえどう》、西塔《さいとう》など、いわゆる「壇上《だんじょう》伽藍《がらん》」（高野山開山時の中心）が築かれた。の

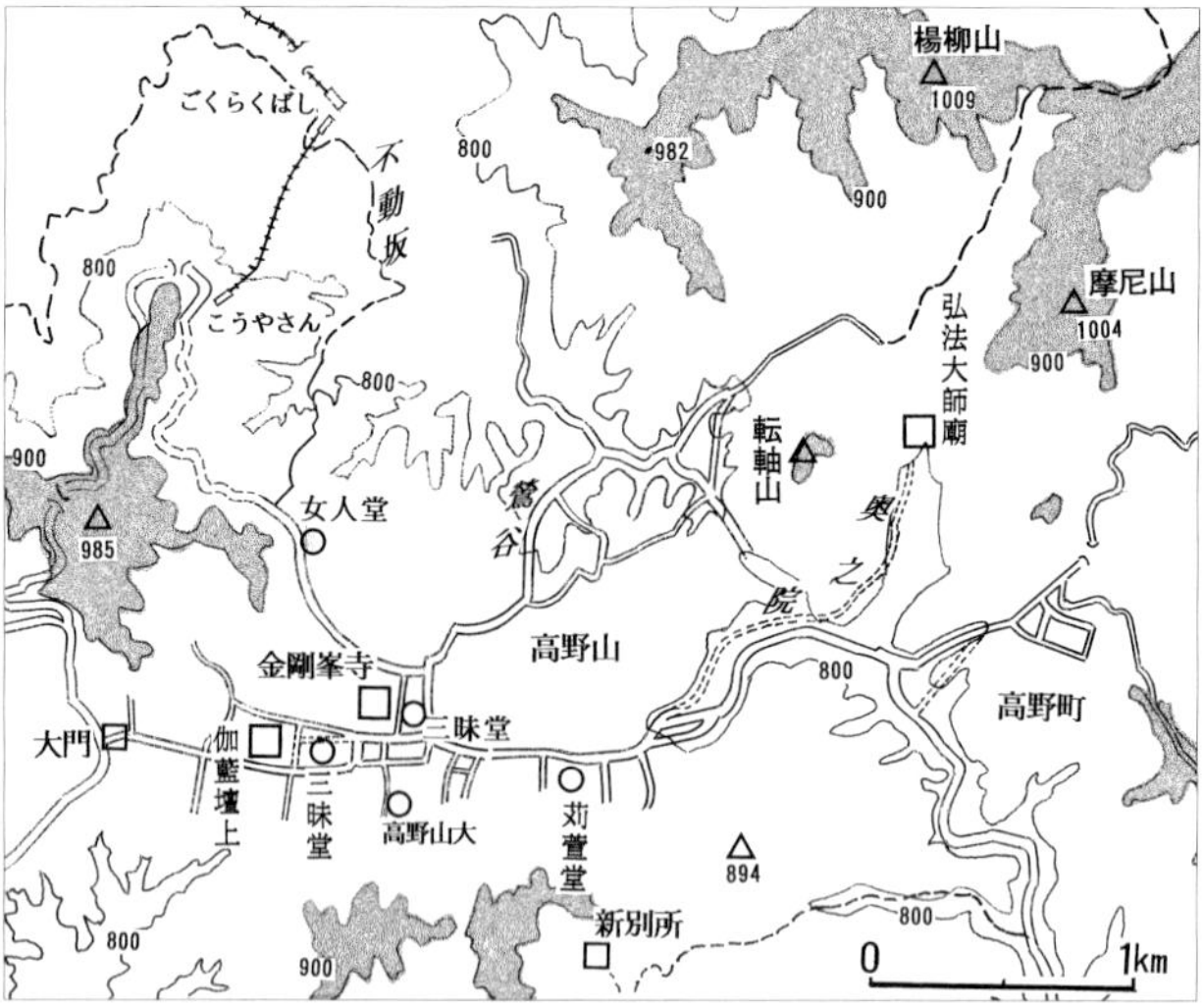

高野山伽藍壇上とその周辺

ちに山内全焼（九九四年）という大厄《たいやく》を被りながら、覚鑁《かくばん》（一〇九五～一一四三、新義真言宗の祖、大伝法院を創建）や明算《めいざん》（一〇二一～一一〇六、「みょうさん」とも、高野山中院《ちゅういん》を再興）の尽力により復興、次第に周縁の諸谷《しょこく》が拓《ひら》かれて盛大になる。盛大になると今度は山内の主導権争いが起こり、やがて覚鑁は紀ノ川ほとりの根来寺《ねごろじ》へ追われるが、紛争はその後も長く続いた。

西行や重源がこうした紛争から距離を置いたのか、むしろ積極的にかかわったのか、このあたりの見解も研究者によって異なる。五来氏は「寺伝」がいうように「西行は蓮華乗院《れんげじょういん》（紛争両者の和合談義所）の勧進奉行として根本大塔の近くの三昧堂《さんまいどう》に住んだ」とされ、目崎氏は西行が勧進した実績は認められながらも「山の中心に住んでいたとは思われない……ひとりふたりの弟子にかしずかれ山内の一角に草庵を結んでいた」とあくまで「草庵生活者」の立場をとられる。

源平の争いがはじまる頃、西行は三〇年にわたる高野山の生活を捨て、伊勢の二見浦に移り住む（治承元年〈一一八〇〉）。「最も巧みな《疎開》」（目崎氏、前掲書）であった。伊勢は西行にとって初めての土地ではない。これまでに何度も訪れ、神主たちとは深い親交を保っている。とくに内宮《ないくう》の荒木田《あらきだ》一族とは親しく、神主《かんぬし》の荒木田氏良《うじよし》とはしばしば歌の贈答を行っているし、氏良の弟満良《みつよし》は入道して「蓮阿《れんあ》」を名乗り、西行の弟子を自認していたほどだ（のち『西行上人談抄』を著す）。こうした伊勢との深いかかわりがわかってくると、

「榊葉《さかきば》に心をかけん木綿垂《ゆふしで》て　思へば神も仏なりけり」

（榊《さかき》の葉に木綿垂《ゆふしで》を掛けてお祈りをしよう、伊勢の天照大神《あまてらすおおみかみ》の本地《ほんじ》は真言密教の大日如来なのだから）

という歌が、見過ごせなくなる。西行が神宮神主たちに和歌を教え、神主からは当時の神道思想である「神仏習合」を学んでいたのだろう。この歌の詞書（ことばがき）に「伊勢にまかりたりけるに、太神宮にまゐりてよみける」とあり、この歌を詠んだのが伊勢へ移住した「治承年間」であれば、章の冒頭に掲げた「重源たちの伊勢参りが、文献でたどれる伊勢参詣のルーツ」という結論が怪しくなる。重源の伊勢参りは西行より五年遅い「文治二年（一一八六）」のこと、どうやらタッチの差で西行に先を越されたようだ。

有名な西行の歌

もうひとつ、西行の伊勢大神宮讃歌ともいうべき歌がある。

「何事のおはしますをば知らねども　かたじけなさに涙こぼるる」

（伊勢神宮にはどんな神様が鎮座されているのか知らないが、ただその有り難さには涙がこぼれる）

あまりにも有名だが、西行が詠じたという直接的な証拠はなく、その可能性もほとんどないらしい。しかしそれでも「伝承の作者としては、西行が最有力」という、わかったようで良くわからない話、事情はこうだ。

西澤美仁《よしひと》氏は、これが『西行上人集』（『西行法師家集』）だけに見られる歌でしかも末尾に「追加」された歌であることから、初出文献を「元長参詣記《もとながさんけいき》」（室町期の神宮祠官山田大路元長著、一四八一年成立）と特定されている（『西行』）。伊勢信仰の高まりとともに西行とのつながりが喧伝され、素直に人びとの心に入っていくこの歌が、何の疑いもなく西行歌とされたわけで、氏もまた「西行伝承歌として見ていくことには、何の問題もないと」されている。

初出とされる「元長参詣記」が気になって、大部の「文献解題辞典」を調べてみた。大神宮叢書（昭和七〜三二年に刊行）の「度会《わたらい》神道大成」の最後に、ようやく「山田大路元長参詣物語」の書名を見つけ一安心したが、とても原典にあたる余力はない。念のためネットで検索してみると、某大学の日本文学購読講座に「伊勢神宮参詣記を読む」の項があり、何回目かに「『元長参詣記』を読む」とあった。テキストに使うくらいだから、国文学の方面では知られているのだろう。

今度は正真正銘の西行歌をもう一首、

「願はくは花のしたにて春死なむ　その如月《きさらぎ》の望月《もちづき》のころ」

（願わくば春に桜花の下で死にたい。釈迦が入滅した二月一五日のころ満月の光を浴びながら）

という、辞世の歌にも似た一首である。不思議なことに、十年前に詠じたこの歌のとおり、西行は文治六年（建久元年）二月（如月）一六日に七三歳で没した。

文治六年は、四月に改元し建久元年になる。今の暦に直すと一一九〇年三月三一日になり（『三正綜覧』による）、ちょうど花（桜）が満開の頃である。二月（如月）に桜が満開と言われても、「サクラ　サクラ　弥生の空に……」で育った世代にはピンと来ないが、旧暦と新暦の違いなので致し方ない。それよりも一〇年前の辞世歌の予告どおりに西行が亡くなったというので、藤原俊成も定家も慈円も藤原良経《よしつね》も一様にその「奇跡」に感嘆したという。西行伝説に、また一枚箔がついた。

一方の重源は、保安《ほうあん》二年（一一二一）下級貴族紀季重《きのすえしげ》の三男（或は四男）に生まれ、一三歳のとき真言密教の霊場「山科醍醐寺《やましなだいごじ》」で出家、房号を「俊乗坊《しゅんじょうぼう》」、僧名を「重源《ちょうげん》」とした。一七歳のとき四国を修行して回り、一九歳のとき大和国の大峰山《おおみねさん》、葛木山《かつらぎさん》、紀伊国の熊野山《くまのさん》、越中国の立山《たてやま》、加賀国の白山《はくさん》に登って厳しい修行につとめ、大寺《たいじ》定住の出世コースとは異なる道を選んだ。

重源の活躍

重源はまだ醍醐寺に僧籍があった時分、三度ほど宋に渡ったという。高野山延寿院《えんじゅいん》の梵鐘銘に「入唐《にっとう》三度聖人《しょうにん》重源」とあり、重源自らが銘文を撰し、施入《せにゅう》している（一一七七年）。三度の入宋《にっそう》がどういう伝手《つて》で実現したのか不明だし、はたして本当に三度だったかはっきりしないが、小原仁《おばらひとし》氏はその背景に「醍醐寺を介し、重源と村上源氏との親密な関係があった」と、太いパイプを推測されている。

『元亨釈書《げんこうしゃくしょ》』（巻一四東大寺重源）は、「三度目の渡海」について「仁安《にんあん》二年（一一六七）に入宋、翌年栄西とともに帰国」と記している。栄西とは浙江省《せっこうしょう》の天台山を訪れたとき、天台宗総本山「国清寺《こくせいじ》」で出会っている。天台山は、すでに最澄、円珍、成尋らが訪れている仏教の聖地だ。重源は帰国のとき宋版の「一切経」を持ち帰り、これを醍醐寺と高野山に施入した。この「一切経」招来は、重源の大きな業績のひとつである。

帰国後の彼は、長年住み慣れた醍醐寺から高野山の新別所《しんべっしょ》「専修往生院《せんじゅおうじょういん》」に移り住んだ。新別所は小さな阿弥陀堂と三重塔、湯屋《ゆや》、食堂《じきどう》を備えており、数十人単位の念仏者が念仏三昧《ざんまい》の生活を送る。重源はここで一〇年間を過ごし、やがて平家による奈良の焼き討ちを知ることになる。灰燼と帰す南都を、重源は夢のお告げで知ったという。

ほとんど瓦礫と化した東大寺をどんな方法で再建するのか、そしてその大役がなぜ重源に下されたのか、不思議である。小原氏の言われる「醍醐寺や村上源氏とのつながり」だけではあるまい。おそらく勧進僧としての実績が高く評価され、院はじめ上級貴族に顔が利くことと、民衆動員の才能が期待されたのだろう。民衆の力は歴史にあまり記録されない。表面には出にくいのだ。かつての行基の活動もそうであった。

かくして養和元年（一一八一）八月、重源に「東大寺造営勧進」の宣旨《せんじ》が下された。たちまち重源は奮い立ち、渡宋によって得た知識であろうか「一輪車」六輌を造り、勧進帳と宣旨の写しのほか大仏の完成図などを一輪車に積み込み、多くの勧進聖たちに車を引かせて都の此処彼処《ここかしこ》へ、そしてやがて全国へと旅立っていった。ときに重源、六一歳のことであった。

翌寿永元年（一一八二）、重源は九州で帰国待ちをしていた宋人鋳物師《いもじ》の「陳和卿《ちんなけい》」を鋳造工事へ加えることに成功、日・宋合わせて五〇余人の鋳物師を総動員し、四年後の文治元年（一一八五）、大仏の復元完成にこぎつけた。開眼供養では後白河上皇の臨幸を仰いだが、供養会の当日上皇は正倉院の封印を切って「天平の開眼式」で用いられた筆をとり出させ、自ら足場に上って開眼の所作を行ったという。

しかしまだ重源の仕事は半ばにも達していない。大仏の渡金は首から上だけで、大仏を覆う「大仏殿」も未着工のままだった。巨大な東大寺大仏殿、そして南大門の完成までにあと一〇年の歳月を要することになる。六五歳の重源は、引き続きその重責を担った。

翌文治《ぶんち》二年（一一八六）二月、この難事業達成のため、ついに僧侶の重源は「神」に頼った。重源はひとり伊勢神宮へ参詣し、ひそかに玉垣の辺《ほとり》に通夜《つや》したのである。夜半過ぎにいたり天照大神《あまてらすおおみかみ》が現われ、「近年、身疲れ力衰えて大事を成し難い。もし大願を遂《と》げたくば、わが身を力づけよ」と告げた。寺に戻り皆に諮《はか》ると「般若経の力を借りるべし」と衆議一決したので、「大般若経」一部を新たに写経し、僧たち六〇人全員が参詣して、内宮《ないくう》と外宮《げくう》でそれぞれを転読《てんどく》（大部の経の要所を略読）することになった。（『伊勢太神宮参詣紀』）

いま写経はちょっとしたブームで、若い女性たちの間でも流行している。お習字の練習のつもりで励む人もあるが、写経は、それ自身にちゃんとした意味がある。仏教の「経典」は、キリスト教の「聖書」やイスラム教の「コーラン」にあたる。聖書やコーランは一つしかないが、仏教では早くから様々な口伝《くでん》が生じ、釈尊に仮託して創作されたものもあって、経典の数は膨大である。中国唐代の経典目録（『開元釈教録《かいげんしゃくきょうろく》』）に、すでに五千余巻が記され、日本の大正時代の『新脩大蔵経』は一万二千巻に及ぶ。こうした夥《おびただ》しい数の経典を総称して「一切経《いっさいきょう》」あるいは「大蔵経《だいぞうきょう》」と呼ぶ。つまり「一切経」は「お経」のひとつではなく、「経典の一切《いっさい》（総体）」を指す言葉だ。

経典の数が五千巻も一万巻もあっては、とても読み切れない。出来れば偉いお坊さんに整理して貰い、ナンバーワンの経典を決めて欲しい。そうした凡夫の願いを、天才僧侶たちが叶《かな》えてくれた。かれらは経典を整理して最高と思われる経典を選び、それを核として独自の「宗派」をつくった。その宗派は必ずしも横並びではなく、あたかも木の幹と枝のように、系列化される。太い枝の一つに、天台宗があった。天台宗は、中国唐代の天台大師《てんだいだいし》智顗《ちぎ》（五三八〜五九七）が、一切経を体系的に整理し、とくに「法華経《ほけきょう》」を最高の教え（経典）として開いた宗派である。のちに最澄《さいちょう》（七六七〜八二二）が入唐《にっとう》して日本へ持ち帰ったのが、この天台宗であった。最澄は帰国後、比叡山寺（のちの延暦寺）を開いた。

比叡山延暦寺を拠点に天台宗の体系が整えられていくなか、最澄の弟子円仁《えんにん》（七九四〜八六四）がはじめた「如法経《にょほうきょう》」という儀礼（写経）が、次第に流行をみるようになった。「如法経」とは、天台宗が尊ぶ「法華経」を書写し供養する儀礼だが、末法思想の流行と相俟《あいま》って重源のころ最盛期を迎え、書写される経典も「法華経」から「大般若経《だいはんにゃきょう》」や「大日経《だいにちきょう》」、さらに膨大な数の「一切経《いっさいきょう》」にまで及ぶようになった。重源は、密教修行の場にこの写経という「如法経儀礼」を積極的に取り入れ、寺社で催される供養法会《くようほうえ》に勧進聖としてこれを持ち込んだ。（中尾堯「重源の生涯」を参考）

重源が大仏殿工事の完成のため、伊勢に鎮座する天照大神の助けを乞い、逆に天照大神から般若経の功徳を請われ、僧たちを総動員して伊勢まいりを行ったのは、こうした背景があったからである。

重源を助けた西行

文治《ぶんち》元年（一一八五）三月、源平合戦の最後を飾る壇ノ浦の決戦があり、幼い安徳《あんとく》天皇の入水《じゅすい》をもって平家は滅亡した。それからおよそ半年経った八月、先述した「大仏開眼供養《かいげんくよう》」が行われたが、金色に輝くはずの盧舎那仏《るしゃなぶつ》は、首から上だけの鍍金《めっき》にとどまった。

翌文治二年二月、重源は伊勢に参宮して、大仏の鍍金の完成と大仏殿の再建を祈願し、四月に再度衆徒六〇人と参宮して、大般若経二部を内《ない》・外宮《げくう》に奉納する。この二度の伊勢参宮のおり、重源は西行を二見《ふたみ》の庵に訪ねて、大仏鍍金の料を勧進するため「陸奥行き」を依頼した。すでに齢《よわい》六九に達していた西行だが、この懇請を快諾したという。伊勢における西行の住まいは、複数在ったと思われるが、最後は二見の安養寺に草庵を営んだ。

二見といえば夫婦岩を連想するが、海岸とは逆に参宮線に沿って一キロ余五十鈴川の方へ戻る。最近の地図では「二見町光の街」と神々しい町名になってしまったが、まだ「二見町溝口」と称していた時は、「し」の字に屈曲した道を挟んで、西に豆石山、東に五峰山という標高六〇メートル前後の小丘があった。その両者の谷あいに安養寺跡があった。ちょうど二〇年前（一九九三年）、開発に先立つ調査で明らかにされた。この時の報告書を探しあぐねていたが、三重県史編纂の方から教えていただき実見することができた。報告書では「（調査した遺構は）西行がこの地に〈草庵〉を営んだとされる時期に一致する。安養寺跡での、この時期の遺構群がこの〈草庵〉にあたる可能性もある」と極めて慎重な表現であるが、西行の住んでいた処と考えて差し支えない。地形などすっかり変わってしまったが、位置的にはいまの「光の街西」

バス停に近い。重源はここへ西行を訪ねたわけだ。

出家前の西行は、左兵衛尉《さひょうえのじょう》佐藤義清《さとうのりきよ》を名乗り鳥羽院に仕える北面の武士、「将門の乱」の平定で知られる藤原秀郷の嫡流であり、由緒正しい家系である。家柄も良く、歌の才に恵まれ、豪胆さも兼ね備えた彼がなぜ出家したのか。これは諸説あって、とても手におえない。いまは話を陸奥行きにしぼるが、六九歳の老法師とはいえ、鍛え抜いた身体の持ち主であった。

西行は伊勢国を出て東海道を東へ向かい、やがて駿河国へ至る。行く手には難所の「小夜《さよ》の中山」峠が控え、その左手に「富士」が望める。この二つを題材に歌が詠まれた。ともに西行畢生《ひっせい》の名歌とされるものだ。

「年たけてまた越ゆべしと思ひきや　命なりけり小夜の中山」

(老いて再び越える時があると想像したろうか、今ある「命」が、再度小夜の中山を越えさせてくれる)

「風になびく富士のけぶりの空に消えて　行方も知らぬわが思ひかな」

(風になびく富士の噴煙が行方も告げず空の彼方へ消えていく、ちょうど私の思いと同じだ)

西行の陸奥《むつ》旅行は四〇年振り、二度目のことだ。この年になってもう一度東海道難所の「小夜の中山」を越えることになろうとは……「ヤレヤレ」と思ったか、改めて「命の不思議」を思ったかわからないが、峠越えをしながら、近しい関係にあった平家一門滅亡の歴史に自分の人生を重ね合わせ、思わず口を衝《つ》いて出た「命なりけり」の一節が、実にうまく効いている。

静岡県掛川市側の「日坂宿《にっさかじゅく》」と大井川に近い「金谷宿《かなやのしゅく》」との間にある「小夜の中山」峠は、

広重《ひろしげ》描く浮世絵「日坂　佐夜ノ中山」ほど急坂ではないが、明治以後の迂回路新設やその後のトンネル建設の歴史を見れば、難所であったに相違ない。なお「小夜」の「中山」の語源は「サイ（塞）」の「中山（境界）」で、「塞の神」信仰と関連づける説があるという。有名な「夜泣石」の伝承の存在も、何となく頷ける（『広重五十三次を歩く』）。

つづく富士の歌は、西行自ら「わが第一の自歎歌《じたんか》（自賛の歌）」と語ったもので（慈円『捨玉集』）、本人お墨付きの秀歌だ。歌に疎い筆者にもその雰囲気はわかる。それにしても富士山から噴煙が立ち上る光景とは、どんなものか。「けぶり」なしの富士しか脳裏に浮かばない。最近「富士山噴火」が喧《かまびす》しく、なかには噴火の絵を描く本もあるが、西行が見た「空に消えるけぶり」とは異質のものだ。その「けぶり」が心に浮かばないと、「行方も知らぬ我が思ひ」に到達できない。困ったことだ。

西行、頼朝に会う

『吾妻鏡』文治二年（一一八六）八月一五日の記事に、「頼朝が鶴岡八幡宮に参詣したおり、鳥居の辺りを徘徊する老僧を怪しんで腹心の梶原景季《かじわらかげすえ》に訊ねさせたところ、〈佐藤兵衛尉憲清、いまは西行と申す〉とのこと、頼朝は〈和歌の話を聞きたい〉と引き留め、御所で〈歌道のこと〉〈弓馬のこと〉をくわしく尋ねられた。弓馬のことは〈出家のさい、嫡家相伝の秀郷《ひでさと》流兵法書をすべて燃やし、内容は忘れてしまった〉と述べつつも、求めに応じて語るところを、藤原俊兼が夜通し筆記した」（要約）とある。

翌日、引き留めるのを振り切って御所を退出する西行に、頼朝は銀製の猫を贈ったが、門を出ると遊んでいる子どもに与えてしまった、という有名なエピソードを載せ、つづいて「西行は重源との約束に従い、東大寺再建費用の砂金を勧進するため奥州へ赴く途、鶴岡八幡宮へ巡礼した。訪問先の陸奥守藤原秀衡《ひでひら》もまた秀郷流藤原氏で、西行とは同族にあたる」と重要な一文を記す。

西行が鶴岡八幡宮あたりをブラブラしていて、それを見た頼朝が何者か尋ねさせたと読み取れるが、そんな偶然の話ではあるまい。この謎を解くカギはこれより四か月ほど前の同じ『吾妻鏡』の記事にある。

「四月二四日、陸奥守《むつのかみ》藤原秀衡の請文《うけぶみ》が鎌倉に届いた。そこに〈朝廷に献上する馬や金は、今後かならず鎌倉経由で京へ送ります〉とあった。これは頼朝から秀衡宛ての手紙〈あなたは陸奥六郡の主《ぬし》であり、わたしは東海道の惣官であるから今後親しくしたい。ついては以後、朝廷に献上する馬や金は私を通すように、これは院のご趣旨を体《たい》してのことです〉への返事であった」

西行は奥州藤原氏とは同族の好《よしみ》で、大仏の鍍金に用いる黄金の寄付を頼みやすい。重源もそのことを知っていて老法師に奥州行きを依頼し、西行もまた平家所業（南都焼き打ち）の罪滅ぼしになるならと、その役目を買って出た。平氏へ、いささか恩返しのつもりがあったかもしれない。しかし砂金は頼朝の承諾がなければ京都へ運べない。西行はまず鎌倉をめざし、頼朝に会う算段をした。梶原景季あたりから頼朝の鶴岡八幡宮参詣の日程を聞き、ついでに仲介も頼んだのだろう。頼朝は歌の道の話も然《さ》ることながら、鶴岡で行う流鏑馬《やぶさめ》神事をはじめ、伝統行事における秀郷《ひでさと》流の故実《こじつ》を教えてほしかった、という（目崎説）。

そういえば「私に伝えられた〈秀郷流の兵法書〉は、出家の際すべて燃やしてしまって、何も覚えていない」などと焦《じ》らしている様子を、『吾妻鏡』は記事にしている。そのくせ、夜を徹して教えているのである。つまり〈故実の伝授〉対〈砂金の調達〉の取引は成功し、ひと月余経った一〇月一日の記事には「陸奥国の今年の貢金四五〇両を、藤原秀衡から送ってきた。頼朝が仲介して京都へ送るため……」とある。

重源の凄さ

勧進僧重源は、七〇歳近い西行法師に奥州への勧進を頼み、奥州藤原氏から大仏鍍金に使う砂金を寄付させた。同じ文治二年（一一八六）、自ら国守をつとめる周防国《すおうのくに》で大仏殿用材の伐採をはじめている。大仏殿の上棟式は建久元年（一一九〇、西行没年）、完成が五年後の建久六年（一一九五）である。続いて南大門の上棟式が正治元年（一一九九）に行われ、いま見るような南大門と金剛力士像の完成をもって、東大寺再建事業は終わった。「東大寺総供養」が建仁三年（一二〇三）一一月に行われ、重源は見事再建の大役を終えた。それから三年後の建永元年（一二〇六）六月五日、彼は八六歳の生涯を閉じたのである。

重源は六〇歳になってから、残りの半生をかけ東大寺再建の難事業に取り組んだ。院および時の政府がいわば〈丸投げした〉仕事だ。それを成し遂げたのだから、結果的に政府上層部に見る目があったと言える。

重源は「勧進聖」「念仏聖」として、民衆動員の才を如何なく発揮した。彼ら以外にも、利用できる人たちを全力で口説き落とした。陳和卿《ちんなけい》を代表とする宋の技術者たちがよい例だ。大仏鋳造だけでなく、大仏殿、南大門などの巨大建築に宋の様式を採用し、また京と奈良の仏師たちも、すべて協力させた。行き詰まって困り果てたときには「伊勢の太神宮」に参り、「天照大神」の助けを求め、六〇人の勧進僧らと参詣して般若経を転読した。〈文治二年（一一八六）年の坊さんの伊勢まいり〉は、文献でたどれる「お伊勢まいりのルーツ」と言えそうである。

ただしこの問題には、微妙に西行法師が絡む。ひとつは重源の伊勢まいりの目的は、本当に〈神頼み〉にあったのか、という疑念である。参詣に言《こと》よせて伊勢へ移住した西行法師を訪ね、奥州の金を入手するため頼朝との交渉を頼み込むのが、真の目的だったようにも思われる。

もうひとつ、重源の伊勢参詣を大きく取り上げたけれど、西行は、その何年か前に参詣している。彼もまた僧形であることを考えると、西行や重源の頃から僧の伊勢参詣はかなり行われるようになったのだろう。すでに神仏習合思想が広まり、仏前だけでなく神前で読経することにも、ほとんど違和感はなかったと思われる。

因《ちな》みにその後の高僧たちの参詣を記すと、西大寺の叡尊《えいそん》（一二〇一～九〇）が文永一〇年（一二七三）と同一二年に、『沙石集《しゃせきしゅう》』の著者無住《むじゅう》一円（一二二六～一三一二）が弘長年間（一二六〇年代）に、時宗の一遍《いっぺん》（一二三九～八九）が弘安六年（一二八三）と同九年に、『元亨釈書《げんこうしゃくしょ》』の著者虎関師錬《こかんしれん》（一二七八～一三四六）が、文保元年（一三一七）に参詣している。おそらく記録に残らない僧侶の参詣も、かなりあったと思われる。

虎関師錬が参詣した翌年、伊勢国に隣接する美濃・尾張国を対象に「僧尼を忌む法」が出されたという。ただしこれは高僧の参詣に対する忌避ではなく、下層の僧や山伏などの排除が目的だという（西垣晴次『お伊勢まいり』）。対象となった伊勢国に近い美濃・尾張国では、すでに宗教人たちだけではなく次第に民衆の伊勢参詣が増えはじめ、参宮のリーダー役を買って出る山伏たちの活動が、小規模とはいえ見過ごせなくなってきたのだろう。時を同じくして、神宮側でも同様の活動を始めていたからである。いわゆる「御師《おんし》」の出現である。

権禰宜という集団

伊勢神宮は、本来「皇室の氏神」である天照大神を祀《まつ》る宮であって、古代律令制下では天皇以外の奉幣《ほうへい》は禁止されてきた。つまりいかに権勢を誇る貴族であっても、幣物《へいもつ》（お供え）をしたり財物を寄進することはできなかったのである（私幣禁断）。神宮の財政を支えるのは「神戸《かんべ》」の耕作地（神田《しんでん》）からの税収で、神戸は大和、伊賀、伊勢、志摩、尾張など七か国に一〇〇余戸が置かれていた。

しかし平安中期以降律令制は崩壊し、全国的に土地の荘園化が進む。新しく荘園を開発し在地の小領主となった人たちは、土地の権益を守るため、より有力な貴族や社寺に土地を寄進し、自らは荘園の管理者（荘官）となる。こうした全国的な動きに、伊勢の神宮もまた巻き込まれていった。

伊勢神宮の祭祀集団は禰宜《ねぎ》が頂点で、大神宮《だいじんぐう》（内宮《ないくう》）、度会宮《わたらいぐう》（外宮《げくう》）とも一名ずつが、荒木田《あらきだ》、度会の一族から選ばれた。禰宜の下には大内人《うちんど》、小内人、物忌《ものいみ》など全部で八六名がいて、これが祭祀集団の全体である。彼らはいずれも在地（土着）の祭祀集団であり、仕事は祭祀に限られていた。一方、行政的な仕事を司るのは、中央から派遣される「宮司」（大宮司と少宮司の二名）で、これは中央貴族の中臣氏から選ばれた。どこか国司と郡司の関係に似ている。

律令制の崩壊を食い止めるため、中央の官制には「令外官《りょうげのかん》」が設置された。新たな事態に対応するため、検非違使や蔵人頭が置かれたのである。同じころ伊勢の神官にも「権禰宜《ごんねぎ》」と称する神職が現れ、一二世紀はじめには「近ごろ権禰宜の員数、すこぶる増す」という事態になった。不思議なのは、権（副）を称するこの神職は、成立の経緯が不明で、とくに定員や任務も定められていなかったらしい（西垣「前掲書」）。生い立ちは令外官に似るが、実体はずいぶん怪しげなものだ。しかしこの怪しさ、別な言い方をするならこの「制約から解き放たれた自由さ」が、次世代の神宮経営を支えることになる。

伊勢神宮の権禰宜たちは、埒外《らちがい》に置かれていることを逆手《さかて》に取り、伊勢地域の土地開発に乗り出して此処彼処《ここかしこ》の開発領主となり、神宮側へ土地の寄進を行った。さらに神田の所在地や、伊勢信仰の厚い地方では、権禰宜という神宮神職の看板を利用し、地方の小領主が神宮へ土地を寄進するよう斡旋を行った。いやいや小領主とは限らない、『吾妻鏡』寿永三年（一一八四）正月三日条に、「頼朝は所領を豊受太神宮へ寄進された。長年頼朝のご祈祷師であった権禰宜の度会光親《わたらいみつちか》に管理を託された」とあり、ときに日本一の大領主頼朝の信頼さえ勝ち得ているのである。こうして各地に成立した神宮領荘園は「御厨《みくりや》」と呼ばれた。これらの御厨は、内宮側よりいち早く変化に対応できた外宮側に多く、しだいに中世を通じて、内・外宮の力関係が経済的に逆転することになる。

権禰宜たちは寄進を受けた地方の開発領主たちを「旦那」と称し、定期的に地方を訪れては、都の貴重な品々を「伊勢の土産」として配る。神宮の御祓《おはらい》大麻《たいま》や熨斗《のし》のほか、茶葉や鰹、衣類や帯、とくに帯は大量に配られ、後に伊勢の暦が加わった。これに対して何倍かのお返しが現金で送られる。ときに旦那が伊勢参りをするときは、神宮周辺の権禰宜の屋敷に泊め、滞在中はこれでもかとご馳走攻めにし、また山ほどの土産を持って帰す。

権禰宜光親が頼朝にとっての「ご祈祷師」であったように、権禰宜たちは経済活動と表裏一体の関係で宗教的活動にも力を注いだ。「旦那」は自分の宗教上の「師」という意味で、権禰宜を「御師《おんし》」と呼び、ここに宗教的な「御師」と「旦那」の関係が成立する。当初は上層の領主層で行われていた「旦那」と「御師」の関係が、時代が下ると庶民階級にまで広がりを見せはじめる。開発領主（土豪）らの財力に遥かに及ばない庶民たちは、「講」の組織で対応する。「お伊勢講」をつくりあげ、何年に一度か巡ってくる順番を待ち、町内、あるいは村内の代表として、伊勢参りを果たす。

このように見てくると、中世以後権禰宜や下級の神官たちの「解き放たれた力」が、民衆を抱き込んで、「伊勢参宮行事」をサイクル化させ、今日に至るまで神宮を支えたといえる。筆者は、いま「講」とは関係なく参拝に出かける。しかし、講組織に入っている人が、「今度当たっちゃってねえ、連れと行く羽目に……」など少し面倒くささそうに告げるのを、内心羨ましく感じるときがある。これほど世間の様子が変わってしまっても、依然として地域社会と結びついている人たちがいる。地縁的なつながりを失った者には、もう二度と「その面倒くささ」が味わえない。

第二章　尾張藩士「朝日文左衛門」の登場

「坊さんの伊勢まいり」は平安のおわりから鎌倉時代の話。時代を江戸、舞台を尾張藩に移し、典型的な元禄武士に登場してもらうことにする。

名古屋開府から八〇年経った元禄《げんろく》四年（一六九一）六月一三日、ひとりの尾張藩士が日記をつけ始めた。彼が家督を継ぐのは三年後、日記をつけ始めた時点では、御城代組《ごじょうだいぐみ》同心朝日定右《じょうう》衛門重村《えもんしげむら》の子文左衛門重章《ぶんざえもんしげあき》（一八歳）と名乗るべきだろう。日記には『鸚鵡籠中記《おうむろうちゅうき》』という不思議な名が付された。日記の原本三七冊は、徳川林政史研究所（財団法人徳川黎明会）にあり、これを翻刻《ほんこく》し『名古屋叢書続編』として刊行された市橋鐸《たく》氏は、「見聞したことをそのまま書き下《お》ろしたところが、オームの口真似そっくりのため」と、日記の名の由来を説明されている。ほかにも諸説があり、本当のところはよくわからない。

朝日家は下級武士か

朝日家は、一〇〇石知行取りの御城代組同心である。お米（籾付き）一〇〇石を収穫できる知行地を預かり、そこの農民から三五石余りの年貢米（約五三〇万円に相当）を得て、輪番で名古屋城御本丸《ごほんまる》や御深井丸《おふけまる》を警備する仕事である。この朝日家を下級武士の家柄と紹介する本が多いが、これは「同心《どうしん》」から「足軽《あしがる》」を連想するからだろう。戦国時代に歩兵隊であった足軽階級は、江戸期にはいると「同心」の名で呼ばれる（笹間良彦『足軽の生活』）。一般にはその通りなのだろうが、尾張藩の場合はいささか事情が複雑なようだ。

新見吉治《しんみきちじ》氏は、「成立時の御城代組同心は、一〇〇石取りの士分（お目見え以上）で構成したが、のちにその下の足軽が〈御本丸番同心〉と呼ばれるようになり、両者が混同されるようになった」とされている（『下級士族の研究』）。

成立時とは寛永三年（一六二六）のことで、この年従来の「留守居役」に代わって新たに「城代」が設置され、大番頭《おおばんとう》の遠山彦左衛門景吉《かげよし》が初代に任じられた。この「城代」に直属したのが「御城代組同心」で、成瀬・竹腰《たけのこし》・渡辺家から一〇〇石クラスの家臣を集めて組織、さらにその下に二、三〇石の足軽からなる「本丸番」が置かれた。

「御城代組同心」は、この「本丸番」の足軽を指揮し、城の警護を行ったのである。ところがのちにこの「本丸番足軽」を「同心」と呼ぶようになったため、上位の「御城代同心」と混同されるようになった、というのが新見氏の見解、ちょっとややこしい話である。

文左衛門のころはそうした混同が起こる前であり、御城代組同心が本丸番の足軽たちを指揮し、御本丸や御深井丸の見回りを行っていた。城代は留守居役と実質は同じで、もともとは藩主が領国外へ出たときの留守を預かる臨時職だったが、やがて二名の常置職となり、文左衛門のころは沢井三左衛門、井野口六郎左衛門、冨永兵右衛門、渡辺新左衛門、成瀬大内蔵などが務めた。誤解を恐れずに譬えると、沢井、井野口、冨永といった部長に仕える朝日係長といった関係か、間に御城代組小頭《こがしら》の渡辺源右衛門という課長がいて、彼は都合のよいことに、文左衛門の母方の叔父さんである。

以上の話を踏まえると、一〇〇石取りお目見え以上の「御城代同心」を、「同心」ゆえに「下級武士」と決めつけるのは聊《いささ》か憚《はばか》られる。かといって「れっきとした中級武士」ともいいづらい。中の下というところか。

父の隠居と文左衛門の家督相続

元禄六年（一六九三）四月、数えの二十歳になった朝日文左衛門重章《しげあき》は、弓の師匠朝倉忠兵衛の娘〈おけい〉と結婚した。前年の一一月には屋敷内に部屋も増築し、いよいよひとり立ちの時がきた。しかし父重村は、一向に家督を譲る気配がない。文左衛門も面と向かって切り出せず、話のわかる母方の伯父に相談、それとなく相続の件を持ち出してもらった。

○七月一〇日　申時《さるどき》、渡辺弾七・同武兵衛来たり、親に言うよう「今は何処に火事ありても分からず。昼夜出ることとなれば、霧眼覚束《おぼつか》なし。若《も》しうろたえ見苦しくあれば、いかがなり。役義願い給え」と。源右衛門内証なり。［元禄六・七・一〇］

結婚して三か月、いまの暦では八月一一日になる。夕方五時頃に伯父の渡辺弾七、叔父武兵衛が朝日家を訪れ父に言うには、「定右衛門どの、この頃は昼夜を問わず何処で火事が起こるかも知れない。重村どのは最近目が霞《かす》むようになったとこぼされているが、もし火事現場でうろたえるようなことがあっては、朝日家に傷がつく。そろそろ役義の差し上げを願われてはどうか」と。ただしこの話、渡辺家当主で父の上役にあたる渡辺源右衛門殿には、ナイショである。

弾七、武兵衛は文左衛門より年上だが、よほど気が合うらしく、とくに武兵衛には可愛がられていた。のちに武兵衛が中風に倒れたときなど、屋敷内に新しく部屋を設け、親と変わらぬ看護をしている。

○七月一一日　晴れ、早天、親、相原久兵のところへ行く。お役義指し上げたき願いを云う。これに依り役銀も出るなれば、手前、ことのほか詰めずしては成りがたく、ずいぶん諸事覚悟せよと、くどく唾をやく。予、その迷惑さ〈対悩響胆欝腸〉一時に九回するかとあやしまれる。［元禄六・七・一一］

伯父たちの説得があった翌日、父重村はようやく決心して小頭《こがしら》の相原《あいはら》久兵衛《きゅうべえ》のもとを訪れ、隠居を願い出ている。それからが大変で、帰宅するや文左衛門を呼び、「家督を継いで新しい御役につけば、役銀を差し出すことになり、よほど倹約しないとやっていけない、万事に覚悟して臨め」と説教がはじまった。それが延々とつづき、まったく迷惑至極〈対悩……〉、あとは何を書いているのかよくわからないが、神坂氏はカッコ内を「腹わたがでんぐり返る思い」と訳されている。この願いを提出して八か月が経ち、ようやく父の隠居が正式に認められた。

○三月二一日　晴天。酉《とり》の二刻《にこく》、源右衛門・久兵衛より連切紙《れんのきりがみ》来る。明朝五ツ前に三左衛門殿へ親同道で仕れと申し来たる間、日の出過ぎに出るべき由、申し来たる。［元禄七・三・二一］

元禄七年三月二一日は新暦の四月一五日になる。夕方七時頃に小頭の渡辺源右衛門、相原久兵衛連名の書付けが来た。「明日の朝七時前に、御城代の沢井三左衛門殿のもとへ、親と同道で出頭せよ」とのこと、日の出（五時二〇分頃）過ぎには出るよう、申し添えてあった。

○三月二二日　親のお役義、かねての願いのごとく、御免《おゆるし》。［元禄七・三・二二］

次の日には、「正式な許可が出た」とある。ただし間違えてはいけない、許可されたのは「親の隠居」だけで、文左衛門の「家督相続」ではない。実はここからが大変で、「お目見え」して藩主に認めてもらうため、涙ぐましい努力がはじまるのである。「お目見え」というのは、武士をランク付けするうえで重要な基準である。幕府の場合、将軍にお目見え（対面）できるのが「旗本」で、できないのが「御家人《ごけにん》」である。これを尾張藩に当てはめてみよう。

尾張藩士の階級は、「万石以上」の成瀬、竹越《たけのこし》両家にはじまり、年寄、城代などの「老中列以上」、国奉行・熱田奉行などの「物頭《ものがしら》以上」、お馬廻《うままわり》組の「騎馬役《きばやく》以上」、そして朝日文左衛門たち御城代組同心の「規式《きしき》以上」とつづき、「五十人（藩主の側近に徒歩《かち》で随行、幕府の小十人に同じ）以上」と「御徒《おかち》以上」を加え、全部で一二ランクになる（『尾張諸臣十二格』一八〇〇年頃成立、著者不詳）。聖徳太子の「冠位十二階の制」に倣ったわけではあるまいが、一二階級の最後に位置する「御徒」は「軽輩」と呼ばれ、その上の「諸士」とはっきり区別された。つまり「五十人以上」から上は「お目見え」にあたり、「お目見え」と「それ以下」の間には、越えがたい大きな溝があったのである。

殿様に「お目通り」できる家格であれば、とにかく「お目見え」の機会をつくり、主君に顔と名前を憶えてもらわなければならない。幼年時の「初お目見え」の儀式も大切だが、家督相続時の「お目見え」は、「主従関係の根幹をなす」という意味で最重要であった。江戸時代は「藩主の認識があって」はじめて主従関係が成立したのである。

小藩の場合など、殿様は名前を聞いただけで「ああ、あの男か」と思い浮かぶだろうが、尾張藩は大きい。五〇〇石以上の藩士一六〇人は何とか覚えられるが、一〇〇石のお目見え以上となるとおよそ九〇〇人いて、よほど武芸に秀でた人物か、逆に悪名でも高くなければ無理だろう。ちなみに徒士《かち》以下の下級士族となると、明治維新時に「卒《そつ》」とされた数は、三〇〇〇人以上に達したというから尾張藩の底辺は広い（『下級士族の研究』）。

父重村の隠居が聞き届けられた元禄七年三月二二日から、家督相続が正式に認められる同年暮れまで（正確には藩主綱誠《つななり》公が帰国した五月八日から一二月の初めまで）の七か月間に、約五〇回のお目見えアタックが行われている。しかし半分以上は「予、御目見えに出る。お出《い》でなし」とあり、空振りである。お目見え関連記事の最初は、藩主が参勤交代から帰国される際の、お出迎えからはじまっている。

> ○五月八日　子《ね》ノ三刻、浜田宅左衛門・渡辺八弥・石川雲平を同道し、御迎えに出る。笠寺を十町余行き、御先乗《おさきのり》の舎人《とねり》八左衛門・水野権太夫に逢う。これより御供す。この時晨方《あけがた》未明、大路《おおじ》篝《かがり》を焼く。○五月九日　今暁《こんぎょう》鳴海《なるみ》の御旅宿、寅ノ刻に御立ち。朝薄曇り。……真福寺にて御小便遊ばさる（御駕籠より御下り）。卯《う》の六点御入城。お目見えの衆、皆兼ねてより笠袋に袴を入れ、御入城の以後これを着す（予天王にて持参の焼き飯をたべる）。久しくして公、大殿様へ御成り、須臾《しゅゆ》して帰御《きぎょ》。予、共にお目見え仕つる。甚だ大腰掛に待ちて帰り来たれば、巳《み》の半時。［元禄七・五・八、九］

五月八日、藩主お出迎えのため、真夜中の一二時に三人で出かけている。東海道の笠寺を一キロ余過ぎたところで、先乗りのふたりの藩士に出会い、ここからお供に加わった。

藩士のひとり舎人八左衛門は、七〇〇石御馬廻《おうままわり》で、鉄砲頭を経てこの時は黒門《くろもん》頭《がしら》（持筒《もちづつ》頭《がしら》）に就いていた。黒門頭は、名古屋城二の丸御殿南の「黒門」を警備する指揮官で、戦時は主君直属の鉄砲隊リーダーである。その同心（警備員）たちの居住区が、いまの東区黒門町だとする説があるが、ほかに「黒谷門前《くろだにもんぜん》」から生じたという説もある。高岳院《こうがくいん》の第三代住持で相《そう》応寺《おうじ》住職でもあった眼誉《がんよ》上人が、京都黒谷金戒光明寺《くろだにこんかいこうみょうじ》住職となり、戻ってきてから建中寺近くに自然院《じねんいん》を開いた。そのため黒門町辺を黒谷門前と呼んだという。どちらとも決しがたい。なお舎人《とねり》家の屋敷跡が起源とされる舎人町は、いまの東区泉《いずみ》三丁目にあたる。町名は消えたが、舎人公園が残る。

もう一人の先乗り「水野権太夫」は、瀬戸水野村の権平《ごんべい》とは別人である。権太夫の五代前は緒川《おがわ》・刈谷《かりや》城主水野忠政《ただまさ》の子忠守《ただもり》で、水野信元《のぶもと》や家康の生母「於大《おだい》の方」の弟にあたる。信元とその直系は信長に殺されたが、忠守の子孫は尾張藩士として存続したらしい。日記に出てくる水野権太夫は四〇〇石寄合《よりあい》の家柄で、舎人八左衛門同様、鉄砲頭を経て黒門頭の役職にあった。この二人が騎馬で先導したのである。夜明け前の大路はかがり火が焚かれ、煌々《こうこう》と照らし出されていた。

夜が明けて翌五月九日、いまは深夜零時に日付が変わるが、当時は明け六ツ以降が翌日になる。

綱誠《つななり》公は鳴海宿を朝四時に発《た》たれ、途中大須真福寺で駕籠を降り、小休止された。六時過ぎにお城に入られたので、お目見えを願う衆たちは持参の袴を着用、文左衛門も城内三の丸にある天王社（現在東海農政局敷地）で持参の焼きお握りを食べ、準備をした。綱誠公はまず父光友《みつとも》公のもとへ帰国の挨拶に出向かれ、しばらくして帰城されたあと、大腰掛で待つお目見え衆の前に姿を見せられた。帰宅したのは昼に近い一一時過ぎだった。

この日以来、お目見え目的の「お城通い」が文左衛門の日課となる。

綱誠公もまた、日課のように巳《み》の刻（九時半）前後に二の丸御殿を出て、三の丸のお屋形に大殿様（光友公）を訪ねられる。「公、大殿様へ御成り」と出てくるのがそれで、巳の刻、四ツ前、辰九刻《たつのきゅうこく》、巳一点《みのいってん》、巳の一刻、辰八点と様々な表現がされているが、いまの時制に直せば、ほぼ午前九時半前後の訪問である。

隠居後の光友公の住まいは、建中寺南側の「御下屋敷《おしたやしき》」か北側の「大曽根下屋敷《おおぞねしもやしき》」あたりと思っていたが、『金城温古録』（奥村得義《かつよし》著）の「三之丸編之四・図彙部《ずいぶ》」に「御屋形《おやかた》曲輪《くるわ》古今沿革細見図」が附載されていて、三の丸の変遷が描かれている。その最後の図に「瑞竜院様、御隠殿、御屋形」とあり、「元禄六 酉《とりどし》 四月廿四日御歳六十九御隠居、同十一月十一日より御上国、十八日本町《ほんまち》評定所より東へ御廻り東大手より御屋形へ御着住、同八 亥《いどし》 三月十八日迄にて、今日大曽根御新亭《ごしんてい》へ御移徙《いし》」と注記されていた。元禄六年に綱誠公に家督を譲ったあと、元禄八年三月に大曽根下屋敷へ移るまで、光友は三の丸御屋形に住まわれていたのである。

三の丸は、西の丸、本丸（天守、小天守、御殿）、二の丸（御殿と庭園）の南と東に広大な敷地を占め、外周は外堀に囲まれている。その多くを占める南側には、天王社、東照宮をはじめ歴代将軍の廟所、成瀬、竹腰、志水、大道寺、山村、渡辺ら重臣の屋敷が並び、東側はそれに次ぐ上級藩士の屋敷だった。ただし慶安四年（一六五一）以降は、藩主一族の御屋形に当てられている。

現在、天王社（明治三二年、那古野《なごや》神社と改称）と東照宮はそっくり外堀の南（中区丸の内二丁目）へ移され、跡地は東海農政局の敷地になっている。同じく成瀬家の跡は名古屋裁判所、竹腰家は県警本部、志水家は能楽堂、山村家は護国神社、渡辺半蔵家の跡は貯金事務センターになっている。

一方三の丸東地区は、南に三の丸病院、名古屋市役所、愛知県庁、知事公舎が建ち並び、北には法務合同庁舎や名古屋医療センターが建つ。その裏の職員宿舎辺りが、かつての御屋形跡になろうか。いまの明和高校から清水橋（東大手門跡）を西へ渡り、法務合同庁舎と医療センターの間を北へ突っ切ったあたりである。

五月からはじまった文左衛門のお目見え活動は、なかなか思い通りに運ばない。同じ城代組の若尾弥次右衛門（倅・政右衛門）が七月に、九月には同じく加藤清左衛門（倅・紋左衛門）、平岩所左衛門（倅・佐左衛門）が家督相続を認められ、いささか頭へ来たのか「親も余も、欝々として楽しまず」［元禄七・九・廿五］とこぼしている。ようやく一二月になって小頭《こがしら》から連絡がきた。

○十日　申刻《さるのこく》。相原久兵（衛）より手紙来たり、予に（沢井）三左衛門殿へ出づべき由。予、袴を着、（渡辺）源右衛門と同道し行く。久兵（衛）は持病さし発《おこ》り駕籠に乗りて先へ行きてあり。すなわち三左衛門殿に対面す。予が親、願いの通り隠居相済み、家督相違

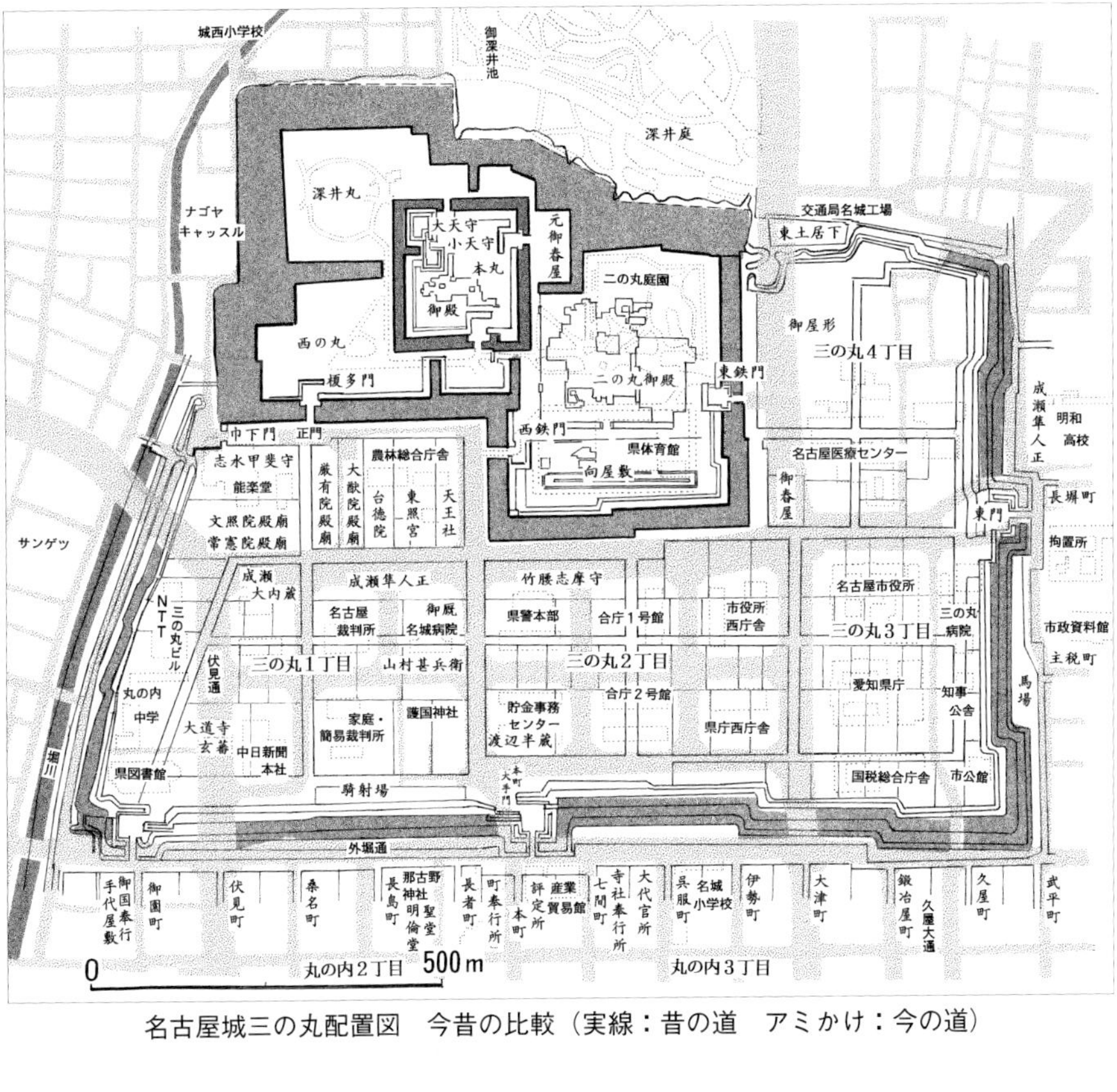

名古屋城三の丸配置図　今昔の比較（実線：昔の道　アミかけ：今の道）

なく予に下し置かる。願いの趣を昨日三左衛門殿指し出ししに、はや今日相叶う」［元禄七・一二・一〇］

父重村の隠居が許された三月から倅重章の家督相続が認められた一二月まで（閏五月を加え）、およそ一〇か月かかったことになる。「願いの趣を昨日三左衛門指し出ししに、はや今日相叶う」というくだりを、神坂氏は「前日の日記の何処にも、三左衛門に願い書を提出したという記述はない」とし、長く待たされたことに対する「文左衛門の負け惜しみ」とされている。そういう風にも読めるが、苦労した数か月の話を端折《はしょ》って「昨日のこと」と嘘を記すのは、あまりに子どもじみている。日記にはないが、つい最近小頭を通じ城代にお伺いを立てたか、あるいは城代からお側衆《そば》に確認してもらう手続きをし、それを「願いの趣を昨日指し出し……」と記したのではないか。しかし、いずれにせよ目出度し目出度しである。

お城へ初出勤

年が改まり元禄八年（一六九五）の正月を迎えた。昨年末家督相続を認められた文左衛門重章は、御本丸番となり、いよいよ初出勤のときを迎えた。

○正月一六日。予、今朝よりはじめて御本丸の御番に出る……予が相番、松井勉右衛門・大岡又右衛門。面々便桶《べんとう》（弁当）といえども煮物を沢山にし、相番および御番の足軽七人に酒と共に食わしむ。午《うまの》刻《こく》前、若林元右衛門・今井茂右衛門見廻りに来る。予、申の刻前に、ご上洛のお座敷を見物す。洞房・廻廊・書院・台所・深殿・曲屋・幽間・大家五彩

金光に映じ、百色銀影に浮かぶ……以下略」〔元禄八・一・一六〕

まず藩士の紹介をすると、相番の松井勉右衛門は勘右衛門の誤りで、『士林泝洄《しりんそかい》』（系譜集）を見ると、伯父松井三郎左衛門は一五〇〇石御城代とある（一六四七〜四九）。父市右衛門は鉄砲頭、長男は同じ名を継ぐ四〇〇石の大目付、次男丹右衛門は二五〇石で足軽頭、そして三男勘右衛門は、元禄二年に一〇〇石取りの御城代組となっている。なかなか羽振りのよい一族である。つぎの大岡は系譜になく、詳細は不明。見廻りに来た若林元右衛門は、文左衛門の父重村の跡を襲いこのとき天守鍵奉行になっていた。今井茂右衛門は名を兼光といい、やはり御城代組である。

記事の中で興味を惹くのは、何といっても弁当である。二人の先輩相番と、警邏《けいら》の仕事をする七人の足軽たちのためにたくさんの煮物を拵《こしら》え、酒と一緒に家僕《かぼく》に運ばせている。翌月の日記には弁当の食材、料理法が記されていて、こんなことを一々日記に書き留める人は珍しく、文献として貴重であろう。

○一九日。予、当番弁桶《べんとう》なり。汁（ひば）、に物（切干・牛蒡《ごぼう》・豆ふ・あらめ・梅干・こんにゃく・山の芋）、鯔《ぼら》一本、浜焼き、蜆《しじみ》あえもの、香の物、酒。〔元禄九・二・一九〕

『江戸の料理と食生活』（原田信男編）のグラビア頁に、この弁当の復元写真が載っている。「文左衛門が御本丸番宿直《とのい》番《ばん》のとき、たまたま弁当の当番にあたっていて、仲間の分も作って持って行ったときの復元」と解説されている。「ひば」は「干葉」で、大根の葉を干したもの、汁の具にしたのである。煮物を詰めた弁桶はまるで仕出し屋の料理のようで、シジミの和えものは実に美味《うま》そうである。このあと香の物、酒とつづき、宿直番での飲酒は、まったく問題なかったらしい。

文左衛門の日記は、克明な食材記録としても知られているが、料理名を挙げない場合は「〇〇へ行き、酒等給《た》ぶ」と、決まり文句のように記されている。一日どれくらい飲んだか記されていないが、醸造学の権威小泉武夫氏は「毎日四、五升」と推定されている。当時の日本酒はアルコール度数が低かったようで、いまなら一升酒というところだろう。酒の質はあまりよくなく、大酒のあとは必ず「吐逆《とぎゃく》」し、二日酔いもひどかったらしい（57ページコラム参照）。

お昼前に天守鍵奉行の若林氏らが見廻りに来て、そのあと申《さる》の刻（夕方四時）に、ご上洛の座敷を見物したとある。ご上洛の座敷とは、将軍が上洛の際に利用する御成書院《おなりしょいん》のことで、いま再建されて話題の「本丸御殿」の一角にある。本丸大天守閣が完成した二年後の慶長一九年（一六一四）に御殿は完成し、翌年四月ここで義直（一六歳）と春姫（一四歳）との婚儀がとり行われた。その後、大坂夏の陣（一六一五・四）、家康死去（一六一六・四）とあわただしい事件がつづき、いったん駿府へ帰っていた義直は、元和二年（一六一六）の七月、母相応院（亀、一五七六〜一六四二）とともに名古屋城本丸御殿へはいった。さらに四年後の元和六年（一六二〇）、旧平岩邸を建て替えた二の丸御殿へ移り、以後歴代藩主はここを「お城《しろ》（政庁）」と称し、政務を執ることになる。藩士の「登城」というと、本丸天守のように錯覚するが、実際はこの二の丸御殿へ出かけたのである。

本丸御殿

一方本丸御殿は、将軍上洛時の「御成御殿《おなりごてん》」に当てられることになり、寛永一〇年（一六三三）五月から一年余りをかけ、大規模な修築が加えられた。これは翌年の家光公上洛に合わせたもので、既存の表書院（大広間）と同じ規模の御成書院《おなりしょいん》（上洛殿）を対面所西側に新たに増築し、湯殿や御膳所などを付属させた。この上洛殿の障壁画は幕府御用絵師の狩野探幽《かのうたんゆう》が描き、欄間彫刻は大工頭沢田庄右衛門平内（伝承では左甚五郎）が製作した。上洛殿は上段之間と一〜四之間などから構成されており、上段・一之間の帝鑑図説《ていかんずせつ》（明代の書、帝王の戒めを説く）に題材をとった帝鑑図をはじめ、二之間の人物山水、三之間の花鳥図など、すべて探幽の手になる絵画である。

こうした障壁画を目の当《ま》たりにして文左衛門は興奮したのだろう。使い慣れない漢語を並べて賞賛しているが、江戸前期の最高傑作であることは間違いない。昭和二〇年五月一四日の名古屋大空襲で御殿と天守閣は焼失したが、国宝障壁画三四五点のうち移動可能な襖絵など二〇〇点はいったん御深井《おふけ》丸の乃木《のぎ》倉庫（現在も同じ位置に建つ）に避難、のち猿投《さなげ》村灰宝《はいほう》神社宝物庫（現豊田市越戸《こしど》町）へ疎開して難を免れた。戦後焼け残った西南隅櫓《すみやぐら》に移し、さらに絵画館を建てて保管したが、昭和三四年に念願の大天守・小天守閣の再建が成り、大天守に一部を展示、多くは小天守二、三階の収蔵庫に保管している。

この上洛殿へ三代将軍家光が入ったのは、寛永一一年（一六三四）七月四日のこと、その前後の事情を『徳川実紀』は次のように記している。

○（七月）三日の曙に吉田を御発輿《はつよ》あり。矢作《やはぎ》の橋を過ぎさせたまい、岡崎城へ着御なる。城主本多伊勢守忠利《ただとし》饗し奉り……。○四日池鯉鮒《ちりゅう》にて松平主殿頭忠房《もんどのかみただふさ》饗したてまつる……やがて名古屋の城にいらせ給う。大納言義直卿《よしなおきょう》饗せられ……。○五日名古屋ご滞在。亜《あ》相《そう》（義直）、二の丸にむかえ奉り饗せられ、神祖《しんそ》（家康）ご自筆の兵法一巻《へいほういっかん》に、銃五挺そえてささげらる。○六日萩原《はぎわら》を過ぎ給う。墨俣《すのまた》にて……大垣城にやどり給いて、城主松平越中守定綱饗し……。○七日夕方彦根の城にいらせ給いて……。○十一日御入洛《ごじゅらく》…巳刻《みのこく》二条の城につかせ給えば……。○十七日勅使・院使参り、重ねて太政大臣にご昇進の叡慮を伝う……。○十八日快晴なり。辰刻《たつのこく》御直垂《ひたたれ》にて御輿《みこし》にめされ、二条城を出御《しゅつぎょ》なり。○（八月）五日辰刻二条城を御発輿あり。○六日水口に着き給う。○七日亀山城にやどらせ…。○八日桑名城に御泊りあり。○九日小夜《さよ》より、熱田に着かせらる。○十日岡崎城に入り給う。

寛永一一年の上洛は、供奉《ぐぶ》の総勢三〇万七千人という未曾有《みぞう》の規模だった。すでに六月一一日に供奉一番の諸大名が出立、以下二、三、四、五番の大名たちが連日出立し、一六～一八日に馬廻《うままわり》・小姓組《こしょうぐみ》、一九日に先手《さきて》頭《がしら》・弓頭《ゆみがしら》たち、二〇日にようやく家光を含む本隊が出立した。上洛の往路は名古屋から美濃路経由で中山道に入り、帰路は東海道経由であった。この大規模な上洛には政治的な意図があった。寛永年間に入り、紫衣《しえ》事件、春日局の謁見《えっけん》、後水尾《ごみずのお》天皇譲位（寛永六年譲位後、四代の院政）と立て続けに朝幕間を緊張させる事件が起き、両者の関係は悪化の一途をたどっていたが、やがて秀忠が没し（一六三二）つづいて金地院崇伝《こんちいんすうでん》が没す

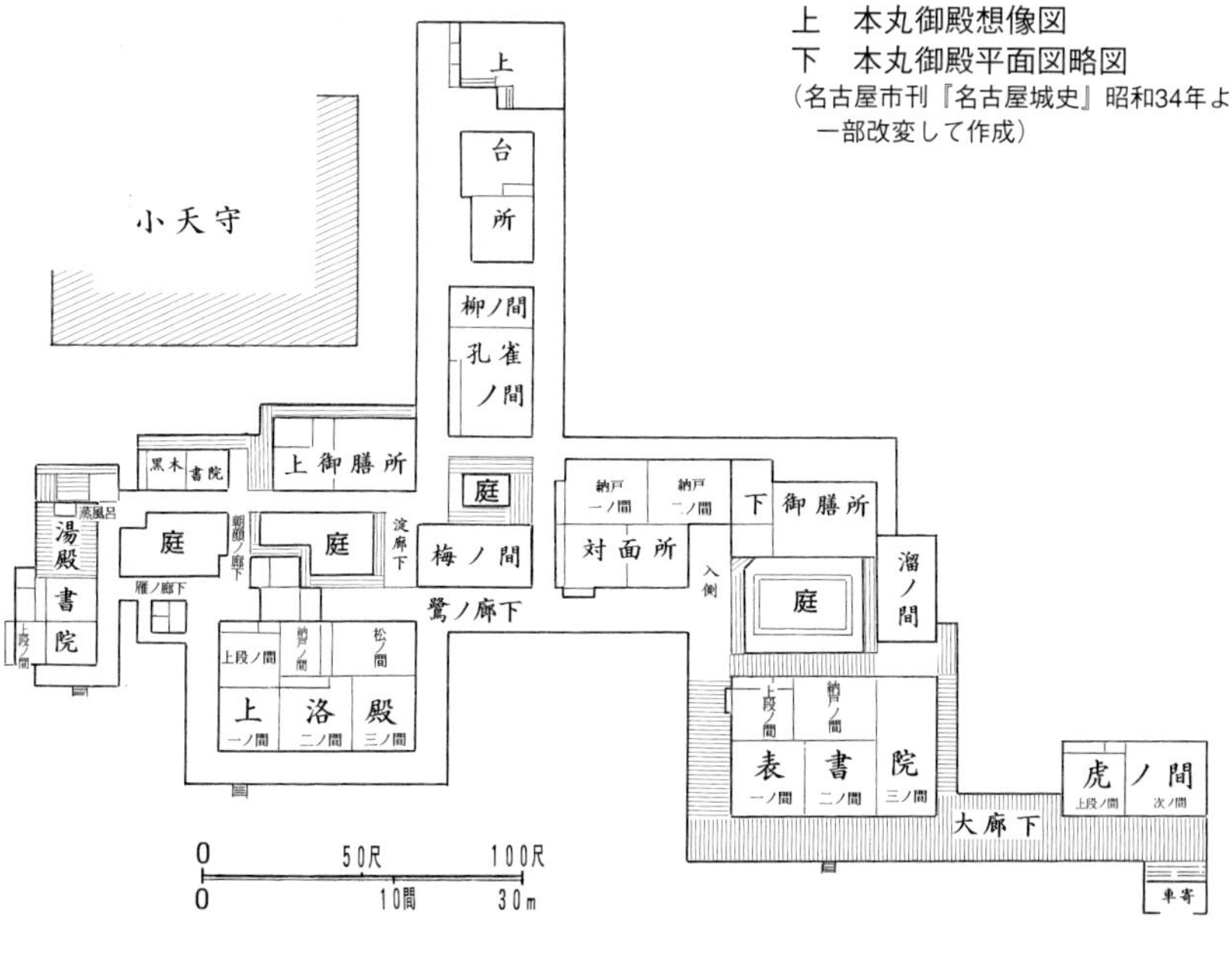

上　本丸御殿想像図
下　本丸御殿平面図略図
（名古屋市刊『名古屋城史』昭和34年より
一部改変して作成）

る（一六三三）と、新たに融和の気運も生じてきた。すでに、幕府の絶対的優位が確立されたからであろう。その象徴的なデモンストレーションが、三〇万人の上洛大行進であった。このとき家光は朝廷側から示された太政大臣への昇進を再三固辞し最後まで受けなかった。その一方で上皇の御料を七千石増の一万石とし、京都の町民三万五千人に銀五千貫を贈っている。さらに帰府後、江戸の町民にも銀五千貫を配布した。

名古屋城の本丸御殿増築はこの上洛に絡《から》む話だが、このとき往路の名古屋泊をめぐって、聊《いささ》か物騒《ぶっそう》な話が伝わっている。御三家筆頭の尾張藩主義直に「異心あり」という風説が広まり、家光は名古屋泊を躊躇した、というのである（『名古屋城年誌』が引く『水戸紀年』）。家光の一行が吉田（豊橋）に着いたとき、義直謀反の噂を耳にした家光は、最後尾に従っていた水戸藩主頼房《よりふさ》をひとり先行させ、真偽のほどを確かめさせた。頼房は微行して熱田へ入ったが尾張藩士に見つかり、連絡を受けた義直が出迎えて、ともに名古屋城へ向かった。頼房から異常なしとの連絡を受けた家光は、ようやく安心して名古屋泊した、というものである。『徳川実紀』を見ると、たしかに水戸頼房は家光一行と行動をともにしているが、名古屋前後の記事中にとくに不審な箇所はない。単なる噂話なのだろうが、煙が立つだけの火種はあったようだ。

上洛の往路だけでなく帰途も名古屋へ寄る約束があったが、家光がこれを反故《ほご》にしたため義直は篭城《ろうじょう》を考え、紀州の頼宣《よりのぶ》に打ち明けた。頼宣は翻意がむつかしいと知り、加勢を申し出たので逆に義直が折れた、という話も伝わっている。こうした話を受け林董一《とういち》氏は「義直反乱のデマが、広くばらまかれていたことは真実らしい」と述べられている（『将軍の座』）。では何故デマが生じたのか。まず挙げられるのは、寛永六年（一六二九）義直が許可なく下向した事件であろう。この年の二月下旬に家光が疱瘡《とうそう》に罹《かか》り、側近の見立て違いから対応が遅れ重症化した。閏二月には京都に重病の知らせが届き、尾張藩主義直は意を決して許可のないまま江戸へ下向、八日小田原へ至ったとき、幕府からの使者酒井忠吉に参府を止められた。この事情を『徳川実紀』は「御こころ、さわやかせ給えば（爽やかになられたので）、参府に及ばざる旨を伝えらる」と記している。なお翌日会津を発した加藤嘉明《よしあき》も、「参府あるべからざる旨」により、止《とど》められた。

同様の話は寛永一〇年にもあり、『徳川実紀』では「（十二月）十一日、尾張大納言義直卿、御参府ありければ、酒井雅楽頭忠世《うたのかみただよ》をして慰労せらる」と穏やかな対応を記しているが、『敬《けい》公遺事《こういじ》』（町奉行田宮半兵衛著）は、許可なく参府した義直を酒井忠勝を遣わして難詰《なんきつ》したところ、「将軍にご不予《ふよ》のことがあれば、名代《みょうだい》として江戸城の守りを堅めるのが私の務め、他意はない」ときっぱり言い切ったという。『新編名古屋市史』も、「（寛永期の）将軍家・幕府と尾張家との関係は、義直が思い描くような親近・昵懇《じっこん》なものからは変化していたことを物語っている」と記している。しかしこの変化は、「幕藩体制確立期」において避けて通れない現象であった。

朝日家の住まいは主税町筋

かつて神坂次郎《こうさかじろう》氏の『元禄御畳奉行《おたたみぶぎょう》の日記』がベストセラーとなり、尾張藩士朝日文左衛門の名は巷《ちまた》に広く知られるようになった。テンポがよく面白い本だがひとつ誤解がある。

「御城代組同心としての朝日家の住居は、名古屋市の東郊百人町《ひゃくにんちょう》辺にあった……元禄一三年に御畳奉行となったとき、百人町の同心屋敷を離れて、建中寺《けんちゅうじ》から善光寺街道（現国道一九号）を越えた西の、三の丸に近い白壁町《しらかべちょう》と撞木町《しゅもくちょう》の間の主税町《ちからまち》の三百石クラスの屋敷に移り住んだ」というくだりである。

朝日家の屋敷は父定右衛門の代から主税町にあり、『万治《まんじ》年間（一六五八～六一）之名古屋図』（延宝年間補訂）と『尾府名古屋図』（宝永六年写し）に、その場所が記載されている。朝日家は〈一〇〇石取り御城代組同心〉格において、すでに主税町に屋敷地を与えられており、奉行職の下位とはいえ天守《てんしゅ》鍵《かぎ》奉行や御畳奉行に就任できるランクであった。文左衛門は元禄一三年、御本丸・御深井丸の番役を免じられて公的施設

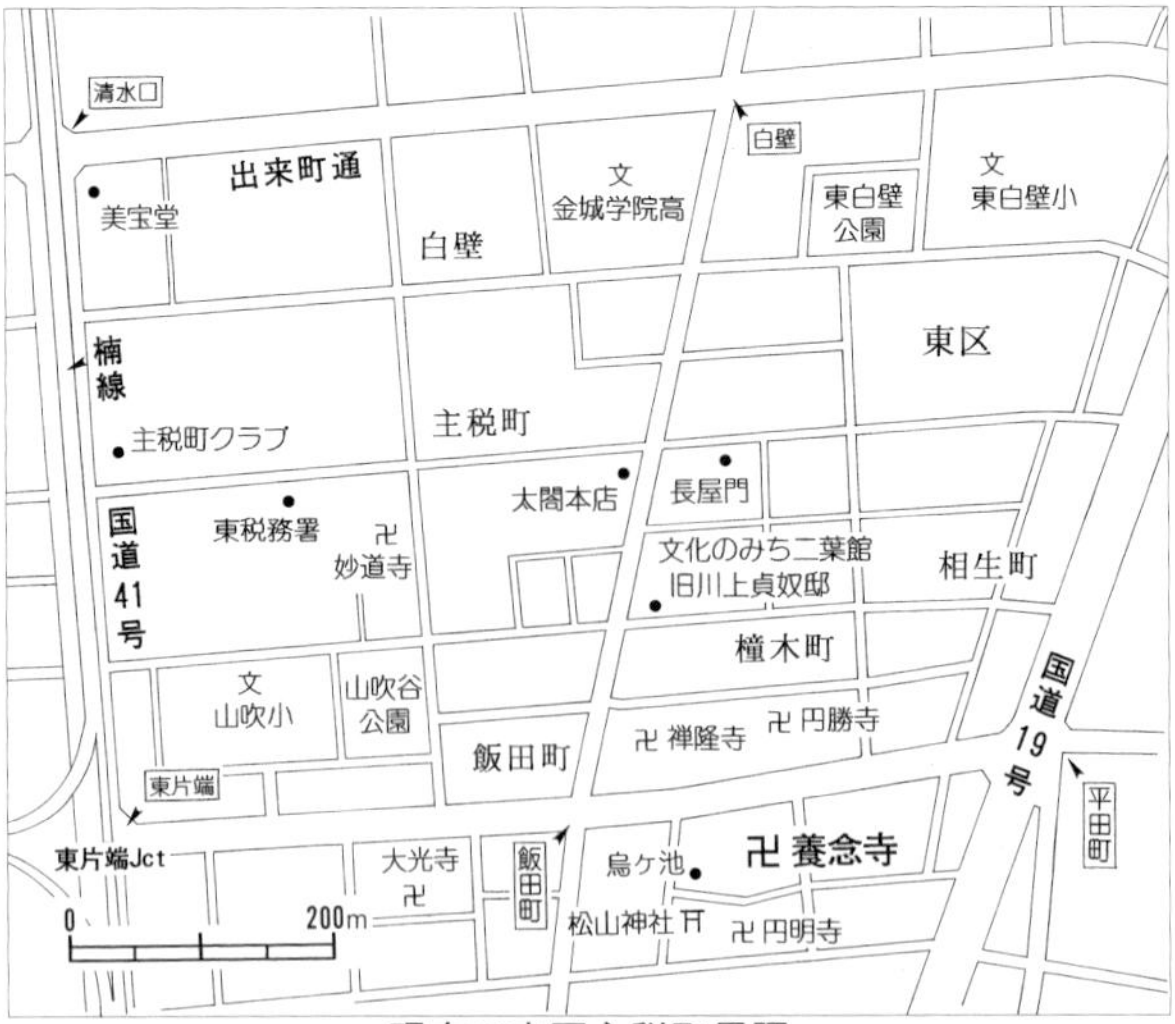

現在の東区主税町界隈
（太閤本店とあるところが朝日文左衛門の屋敷と思われる）

の畳を管理する奉行となり、御役料四〇俵を支給された。

朝日家の収入

朝日家一〇〇石の知行地は、名古屋近郊の長良村《ながら》（現名古屋市中川区長良町、佐屋街道沿い）と野崎村《のざき》（稲沢市野崎町）に分かれてあった。たとえ一〇〇石の土地であろうと、形の上では領主さまである。しかし『日記』を見る限り領主さまの力を発揮するのは、毎年税率（免《めん》）を決めるときに庄屋たちから御馳走されることと村内の溜池で魚をとること、庄屋の紹介で農家出身の使用人（召使）が得やすいこと、くらいであろうか。

一〇〇石取りの朝日家の実際の取り分は四ツ免《よめん》（税率四割）として四〇石、上納米を引かれて三五石程度、一石＝一両として三五両、一両がいまの一五万円とすれば、年収五二五万円となる。何とかなりそうな収入だが、問題は一家の人数である。文左衛門夫婦と子どもがひとり、同居の両親に召使を男女二人ずつとして、合計九人。一人扶持《いちにんぶち》（一日五合×三五〇日＝一石七斗五升）の九人分で一五石、四人の召使の給金が四両、残り一六両（二四〇万円）とかなり少なくなった。

野菜などは、二五〇～三〇〇坪の敷地を利用し家僕が作るとしても、魚や調味料は買うし、灯火の油と薪炭代は欠かせない。家族の衣装代や両親への小遣い、さらに交友関係の広さから慶弔費や飲み食いのお金も馬鹿にならず、これに旅行費用や本代まで含めると残りはずいぶん少なくなって、文左衛門の酒量が増えていく。そんなとき御畳奉行に就任し、御役料《おやくりょう》四〇俵

（一五〇万円）が貰えるようになった。一〇〇石知行取りの実収三五石（三五〇斗）は、三斗五升俵《たわら》の一〇〇俵にあたり、一〇〇俵の切米《きりまい》取り（現物支給）と同じである。年収の四〇俵増《まし》がいかに嬉しかったか、よく理解できる。

一両の一五万円換算については、異論もあるだろう。たとえば磯田道史《いそだみちふみ》氏は、金沢藩士猪山《いのやま》家の家計簿をもとにしてこれに修正を加え、〈一両＝三〇万円〉とされた（『武士の家計簿』）。日銀の貨幣博物館ホームページもほぼ同じ基準だという。一方小林弘忠《こばやしひろただ》氏は、〈一文＝二五円、一両＝一五万円〉とされ、日常的な値段〈うな重／一〇〇文＝二五〇〇円、蕎麦／一六文＝四〇〇円、居酒屋酒一合／二〇文＝五〇〇〇円〉を例示されている（『大江戸「懐」事情』）。その中に四文《しもん》屋《や》（四文均一の立ち食いの屋台）といういまの一〇〇円ショップ感覚の店があり、四文がちょうど一〇〇円に換算されるのが気に入って、以来小林説をとっているが、もともと正解などはありえない。「或るもの」を介しての便宜的な比較に過ぎないのだが、それでも「まあ妥当か」という線はあるだろう。

朝日文左衛門の人物像

朝日文左衛門重章《しげあき》は、元禄、宝永《ほうえい》、正徳《しょうとく》と二七年間欠かさず日記を書き続け、享保《きょうほう》に入って間もなく力尽きたように筆を擱《お》き、享保三年（一七一八）、数え四五歳の生涯を閉じた。力尽きたのは日記のせいではなく、酒の飲みすぎである。しばしば黄疸《おうだん》の症状を記しており、最後は肝硬変になったものと想像されるが、死の前年まで欠かさず日記を付けるというのは、並大抵のことではない。この記録魔ともいうべき性癖は、父から受け継いだ遺伝子のせいだろう。ただし父重村《しげむら》の謹厳実直な性格は継がなかったようで、その分、日記の内容が面白くなった。

お城の警備の仕事は三人一組の輪番で、八日に一度回《めぐ》ってくる。有り余る暇を弓（師・朝倉忠兵衛、以下同じ）、鉄砲（水野作兵衛）、鑓《やり》（佐分源太左衛門）、兵法兼剣術（八田九郎右衛門）、居合《いあ》い（恒河佐左衛門）、居物《すえもの》（猪飼忠四郎）、俰《やわら》（猪飼忠四郎）など武術稽古に費やし、「文会」と称する著名な知識人たちの会にも、せっせと顔を出していた。こう書くと文武両道に堪能なようにみえるが、武術の類《たぐい》はまったく上達していない。ときに居物の師匠に勧められて刑死者を試斬《ためしぎ》りし、帰りに思いきり吐いている。習い事からの唯一の収穫は、弓術の先生朝倉忠兵衛の娘〈おけい〉と結ばれたことだが、これとて一二年後には離縁してしまった。

真面目な習い事では上達を見なかったが、遊びや趣味の世界には熟達した。とくに芝居への思い入れが強く、日記の芝居記事は優に一〇〇か所を超えて、その批評眼は玄人《くろうと》跣《はだし》であった。当時の芝居はほとんどが人形浄瑠璃（操《あやつ》り）であるが、大坂出張の折には歌舞伎も観ている。

もうひとつ目につくのが川殺生《かわせっしょう》（川魚捕り）で、釣にはじまり、四《よ》つ手網《であみ》、唐網（投網《とあみ》）、かえどり、天目伏《てんもくふ》せなど、さまざまな漁法を試みている。ときに釣り仲間と掘川を下って海へ漕ぎ出し、酒に酔って船縁《ふなべり》を叩きながら高吟《こうぎん》することもあった。

日記を通読して感じるのは、文左衛門の旺盛な好奇心と底抜けの好人物ぶりである。これに生来《せいらい》の酒好きが加わって、飲み友達の数は驚くほど多い。もっとも江戸時代の酒は、天下御免の風《ふう》があり、ずいぶん大目に見られていたようだ。勤務中の飲酒も黙認である。あまり大きな失態をしでかすと、少し慎むように〈お達し〉が出るが、せいぜい当事者とその周辺にとどまる。したがって死因の多くは飲みすぎによるもので、やたらに中風《ちゅうふう》になった人の話がでてくる。酔った上での刃傷沙汰も、身近に刃物があるせいか、結構多い。

文左衛門が生きた元禄時代は、江戸に幕府が開かれておよそ一〇〇年、尚武《しょうぶ》の風《ふう》も消え、武士はサラリーマン化し、バブル経済にのって豪商たちが登場する一方、貧困層の増加が問題になって来たころである。現代と似通《にかよ》っているせいか、同感する記事も多い。食事も一日二食から三食となり、外食もはじまって金さえあれば贅沢ができる。食事回数が増えたのは、綿実《めんじつ》や菜種《なたね》油《あぶら》、鯨油《げいゆ》など灯火に用いる油が普及し、夜業《よなべ》ができるようになったことと関係する。辞書に「夜なべの語源は〈夜の鍋〉で夜食にかかわる言葉」とある。そういう時代にあって、文左衛門の食卓はどうだったかといえば、文句なく豊かであり、ときに豪勢ですらあった。

こういう男が元禄の名古屋城下を闊歩し、目に触れ耳にした諸事件、博奕《ばくち》、喧嘩、人殺し、心中、不義密通事件、売春、江島の恋、破戒坊主、丑の刻参り、赤穂浪士事件、富士山噴火、出張時の茶屋遊び、妻との離婚、武術稽古、学問修行から、果ては生類《しょうるい》憐み令騒動や藩主生母本寿院《ほんじゅいん》のご乱行にいたるまで、実に克明に記録してくれた。それが天下の奇書ともいわれる『鸚鵡籠中記』だ。

最後に、文左衛門が藩へ提出した履歴書でもって彼の経歴のおさらいをし、いよいよ文左衛門とともに伊勢への旅へ出かけることにしよう。

◆コラム　江戸時代の酒

朝日文左衛門に限らず、彼の飲み仲間は顔を合わせるとまず一杯、食事のときに酒が出ないことはない。お城勤めの際の弁当にも酒を持参する。それに飲酒の後で吐くことがしばしばで、何度も「吐逆」と記している。さらに飲む量が半端でない。酒飲み大会で優勝した男が二斗近く飲んでいる。醸造学の小泉武夫氏は、こうしたことを考え合わせ、「江戸時代の酒はいまの酒とは違うのではないか」と仮説を立てられた。

そこで氏は『本朝食鑑』（人見必大《ひとみひつだい》・元禄一〇年刊）が載せる当時の酒造法を忠実に再現され、「現在の造り方とさほどかけ離れたものではないが、仕込みに使う原料の使用量に大きな差がある」ことを確かめられた。つまり「蒸《む》した米と麹《こうじ》の使用量に対し、仕込み水の使用量が少な過ぎる」というのである。結果、相当に味の濃い酒が出来上がった。アルコール度は一八％と現代酒に比して大差ないが、糖分が一五％と現代酒の四倍、酸味の度合いも四倍、旨味の度合（アミノ酸）も四倍あって、酒というより味醂に近く、とても飲める代物ではない。ところがその原酒を、水で二倍に薄めても味がしっかりしていることに気づき、江戸の酒の秘密が解けた。

朝日文左衛門の履歴書

日記の宝永六年（一七〇九）五月二日条に「勤めの覚書き」が記されている。これはご城代組の組頭が替わったとき、必ず提出されたものだ。この履歴書でもう一度文左衛門のおさらいをしておく（口語訳）。

［覚え書き］

一、延宝九年（一六八一）二月、瑞竜院《ずいりゅういん》様（二代藩主光友）に初御目見《はつおめみえ》しました。［八歳］

一、初御目見から一四年目の元禄七年（一六九四）一二月に、父の隠居願いと知行・屋敷の跡目相続が許されてご城代組を仰せ付けられ、以後当年（宝永六年）までの一六年間、勤めてまいりました。［三六歳］

内、ご本丸番三年、お深井丸番二年、両番所の助番三年、お畳奉行一〇年、懈怠《けたい》なく勤めました。

内、ご褒美として銀子二枚ずつ二度拝領し、京・大坂へ二度出張しました。

右、初御目見以来当年までの二九年間、年頭のお礼の挨拶も欠かさず勤めて参りました。

以上

この覚書きを提出して間もなく、愛娘《まなむすめ》おこん（先妻おけいの子）と瀬戸の水野権平《ごんべい》の倅《せがれ》久治郎との縁談がまとまり、一二月に婚礼が行われた。思えばこれが朝日文左衛門のもっとも輝いた時期、五年後には父重村《しげむら》が八一歳で没し、さらに翌年母が亡くなる。そしてその三年後には、自ら四五歳という短か過ぎる生涯を終えたのである。

話が少し湿っぽくなったが、「お伊勢まいり」は文左衛門二〇歳頃の話で、少々ませているが元気いっぱいの若者である。そういう若者の体験談として読んでほしい。

第三章　朝日文左衛門の伊勢まいり

はじめての伊勢まいり

『鸚鵡籠中記』に見る最初のお伊勢まいりは、元禄六年（一六九三）の三月のこと、文左衛門重章は数えの二〇歳になり、区切りの年であった。来月に朝倉忠兵衛の娘〈けい〉との婚礼が控えていて、月末には名君の誉れ高い尾張二代藩主徳川光友《みつとも》が隠居、実子の綱誠《つななり》が就《しゅう》封《ほう》する予定である。さらに婚礼後の七月には父重村が隠居願いを出し、いよいよ文左衛門もひとり立ちする。

婚礼直前であることと伊勢まいりとの関係は、よくわからない。独身生活の最後を謳歌する旅にしては、連れに母方の伯父渡辺弾七《だんしち》や叔父武兵衛《ぶへえ》などお目付け役がいる。もっとも年長の二人は文左衛門のよき理解者で、少々のことは大目に見てくれそうだ。ほかに海野庄太郎、稲生自入、鮎川八郎右衛門が同行しているが、いずれも父重村や母の実家渡辺家との関わりが深い。序《ついで》なので紹介しておこう。

名古屋城の東、現在の明和高校や市政資料館から国道四一号を越え金城学院高校にいたる一帯は、かつて尾張藩中級クラスの藩士の屋敷が整然と立ち並んでいた。いまでも高級住宅地だが、当時は城に近いほど家格が高かった。文左衛門の家は城からだいぶ離れていて、主税《ちから》筋に面している。その一本南が撞木《しゅもく》筋で、同行する鮎川の家がある。

『士林泝洄《しりんそかい》』という尾張藩士の「家譜」を集成した本があり、そこに鮎川安之右衛門と出ているのが、日記の八右衛門のことであろう。元禄六年に瑞公《ずいこう》（二代光友）付きとなり、元禄一一年に御供番となった二五〇石の家格だ。

伊勢参宮街道　　石坂由布子作成

海野庄太夫は『士林泝洄』に庄太夫貴林《たかしげ》とあり、付家老《つけがろう》成瀬家に属し、三〇〇石の家格、伯母が鮎川一族の小右衛門に嫁《とつ》いでいる。

稲生《いのう》自入（号か）は、元禄一四年致仕《ちし》（引退）の半右衛門俊政を指すのであれば、高須義行《よしゆき》（光友三男、高須《たかす》家初代）付きの家老で、七〇〇石を領した大身《たいしん》の家柄である。妹が海野庄太夫に嫁《か》していてその関係もあるのだろうが、おそらく父重村との学問上の付き合いだろう。三家とも朝日家と親しく、日記にしばしば彼らの名が登場する。

「三月十日亥の時、余勢州に詣《もう》でる」の出立記事からはじまる伊勢旅行を、日記の記事を追いながら以下たどってみよう。文左衛門にとって初体験のお伊勢まいりは、「余、今朝より左眼不快」とあるようにずっと眼病に悩まされつづけ、可哀そうに、旅を楽しむ余裕はあまりなかったようだ。

◎喜微《きび》に佐屋《さや》へ着く。連れ、渡辺弾七・同武兵衛・海野庄太夫・稲生自入・鮎川八郎右衛門……直ちに船に乗り、辰《たつ》の半刻《はんとき》桑名に着く。

出発の三月一〇日は、新暦の四月一五日にあたる。亥《い》の時《とき》（夜一〇時過ぎ）に名古屋城下を出立《しゅったつ》して、喜微に佐屋に着き、佐屋から〈三里の渡し〉で、辰の半刻（朝八時頃）に桑名に着いた。喜微は「暮れかかって日が微かなこと」（田中煇《あつし》『元禄ことば事典』）とあるが、夜遅く名古屋城下を発ち佐屋に着いたのがすでに夕暮れでは、話にならない。

日記の用法からみると、明け・暮れとも「薄明り」の状態を表わすのだろうか。気象庁に勤めていた気象の大家に尋ねたが、今のところ宿題になっている。

日の出（新暦四月半ばの名古屋では五時二〇分頃）の三、四〇分ほど前に佐屋に着き、直ちに桑名行きの船に乗って八時前後に桑名に着いた、これなら筋が通る。佐屋から桑名までの三里の渡しは、「距離の割には時間がかかって三時間ほど要する」（小野眞孝『江戸川柳尾張・三河歩き』）からである。

桑名以降の記述は、眼病のためかほとんど経由地の列挙にとどまる。二回目の伊勢まいりをたどるときの参考になるから、行程だけは記しておく。

◎（十一日）桑名～（篭）～四ヶ市、同～（歩）～神戸（泊）。

（十二日）暁、神戸～（篭）～白子、上野・とうすの茶屋（昼休）、岩田橋・たるみ・ふしかた・小森・上野・高茶屋・小森・町屋・池・田嶋の・木津川・雲津・つきもと・六軒茶屋・仁王堂・松坂（泊）。

（十三日）巳の刻（午前九時半）外宮へ参詣。眼疾のため内宮・岩戸へ参ること能わず。外宮より直に妙見町（宿）。

（十四日）雨。昼前晴れ。津（泊）。

（十五日）四ヶ市（泊）。

（十六日）雨。巳の上刻（朝八時過ぎ）桑名より乗船、申刻（午後四時過ぎ）熱田着。歩み帰り黄昏《たそがれ》すぎ家に着く。

［以上、五泊七日］

往きは三里の渡しだったが、帰りは七里の渡しを利用している、海が荒れていたせいか、桑名～熱田に八時間かかっている。七里の渡しの所要時間に関してはいくつか記述があり、

①熱田から桑名までの七里を船で渡るには約四時間かかるといわれ…（『新修名古屋市史』）

②宮から桑名まではそれこそ風次第で、順風で波が静かなら二時間ほどで着いたようだが、その倍近くかかることも稀ではなかった……（『江戸川柳尾張・三河名所歩き』）

③所要時間は約四時間、風をたよりに沿岸を走ったものである。船賃は乗合で三五文、高い時は四五文のこともあったという……（三渡俊一郎『熱田区の歴史』）

などの記述が参考になる。ふつうは四時間といったところだが、ときに倍近くかかることもあった。

それにしてもはじめての伊勢の旅は何とも愛想のない記述で、ほんのメモ書き程度である。よほど眼疾に悩まされたとみえる。次回に期待しよう。

二度目のお伊勢まいり

二度目のお伊勢まいりの機会は、意外に早くめぐってきた。二年後の元禄八年（一六九五）四月半ば過ぎ、文左衛門二二歳のときである。

前年の暮れに家督相続が聞き届けられ、文左衛門は正式に朝日家の当主となった。正月には御本丸御番の初出勤を済ませ、三月には妻の〈けい〉が無事女児〈おこん〉を出産、九月には両親が敷地内に増築した隠居部屋に移った。

◎（元禄八年四月十八日）寅刻《とらのこく》、親（重村）、予（文左衛門）、猶右《ゆうう》の三人　勢州へ発足す。月色、昼のごとし。

元禄八年の四月一八日は新暦の五月三〇日、寅刻は午前二時半ころ。午前零時をまわり実際は一九日なのだが、日記では一八日の項に記している。当時は「明け六ツが、その日のはじまり」という感覚なのだろう。

この旅は「家督相続を終えたことを、伊勢の大神さまに報告する」という意味合いがあったようだ。父子二人だけでは何かと気詰まりで、同僚にして親友の小菅猶右衛門（御深井丸御番）に同行を頼んだ。おそらく年も近かったのだろう。ほかに召使が一人お供している。

前回の旅は佐屋まで歩き、そこから桑名へ渡ったが、今回は熱田へ出て、桑名まで〈七里の渡し〉を利用している。自宅から熱田湊まで二里余（八・五キロ）あり、朝五時過ぎの乗船なら三時前に家を出なければならない。この日の名古屋の日の出は四時四〇分、その約三〇分前が「明け六ツ」の鐘、さらにそれよりも一時間半早い出立である。歌にある「お江戸日本橋七ツ発ち……」そのままである。とにかく江戸時代の人は朝に強い。

◎（十九日）天眼快霽《てんがいかいせい》、卯《う》の半点、熱田より船に乗り、亭午《ていご》桑名に着く。神戸《かんべ》に宿す。河原屋庄兵衛と云う主なり。

卯（明け六ツ）の半点（半刻《はんとき》）は午前五時過ぎ。熱田から船に乗り、亭午（正午）に桑名へ着いているから、やはり七時間近い。桑名で上陸し、富田、四日市を通り日永《ひなが》追分へ、ここまでは東海道、ここで伊勢参宮道に入り、神戸へ向かう。

旅程は、桑名～三里八町（一二キロ）～四日市、四日市～五〇町（五・五キロ）～日永追分、日永追分～一里半（六キロ）～神戸宿で、この日のトータルはおよそ六里余（二五キロ）、筆者は一里（四キロ）を一時間かけて歩くが、健脚の人なら四五分前後、休憩を入れて五時間半程か。〈三里〉と〈七里〉、どちらの〈渡し〉も正午頃桑名に着けば、あと神戸宿まで五時間半、ちょうど宿をとるによい時刻になる。

＊1里＝36町、1里＝4キロ、1町＝110メートルとして計算

◎（廿日）未明に宿を出て行く、津より松坂まで駕籠を借り、予、二里余乗る。夜、新茶屋に宿す。

神戸を未明に出発とある。明け六ツ（午前四時すぎ）頃出たのだろう。白子《しろこ》、上野、津、高茶屋《たかぢゃや》、雲津《くもづ》、月本《つきもと》、六軒茶屋、松坂《まつさか》、櫛田《くしだ》を経て、小俣《おばた》手前の新茶屋に宿をとった。この日の旅程は神戸～一里半（六キロ）～白子、白子～一里半（六キロ）～上野、上野～二里半（一〇キロ）～津、津～一里（四キロ）～雲出、雲出～二里（八キロ）～松坂、松坂～一里半（六キロ）～櫛田、櫛田～一里半（六キロ）～新茶屋で、計一一里半（四六キロ）である。前回は松坂泊で八里半の旅程、今回は新茶屋まで足を延ばし、一日で一一里半という、いささか気の遠くなるような距離である。

一一里をいまの里程にあてはめると、「名古屋」から東海道線上りなら、岡崎を経て「幸田」まで、下り方面なら大垣経由で「美濃赤坂」まで、中央線なら「名古屋」から「土岐～瑞浪の中間」にあたる。いったい江戸時代の旅は、一日平均でどのくらい歩いたのだろうか。

金森敦子氏の『伊勢詣と江戸の旅』によると「成人男子の一日の平均歩行距離は一〇里と言われていて……江戸から京都まで一二六里六丁を一二泊一三日で行くのが基準とされていた。武士ならもっと早足で、一日一一里か一二里は歩く」という。われわれの足がいかに退化した

かということだが、しかし中には凄い人もいて、四二・一九五キロ（一〇里半）を二時間一〇分前後で走り通してしまう。マラソンの中継画面についつい引き込まれるのは、すでに失った能力を思い出させてくれるからだろうか。

◎（廿一日）夜明けて宿を出、外宮・岩戸・内宮を参拝……参拝後、未刻《ひつじのこく》猶右と予と村山平十郎芝居の狂言を見る。役者数十人枚挙すべからず……、未刻より曇り、申刻より雨降るといえども、芝居の屋根密なるゆえ、濡れず。酒を置き盞を傾ける。猶右と共に楽しみて餘りあり。親は先に行き、小畑に宿を借りはべる。予は、日暮れて彼に至る。

夜明けて（五時頃か）から新茶屋の宿を出《で》、まず外宮《げくう》に向かった。距離は結構あり、「新茶屋〜一里（四キロ）〜小俣、小俣〜一里半（六キロ）〜山田（外宮）」と計一〇キロほど歩く。外宮参拝は、八時過ぎか。

午前中に天の岩戸と内宮の参拝を終え、食事のあと、未刻（二時過ぎ）から芝居見物。これが文左衛門の内密の目的だったかもしれない。引用文では長ったらしくて省略したが、「一二、三歳の何とか太夫の芸は神域に達し、後世おそるべし」とか、「座長の芸は抜群で、他の役者など太陽の前の蛍みたいなものだ」とか、とにかくその評言も馬鹿馬鹿しいほどのめり込んでいる。親はさっさと小俣に宿をとり、彼等は遅れて七時半ごろ宿にたどり着いた。

◎（廿二日）夜明けて宿を出る。松坂まで駕籠を借り、猶右と半分宛乗る。親は馬に乗る。猶右と予、斎宮《さいくう》にて菅笠《すげがさ》を買い、その間に親先に行く。予は知らず。松坂に至りあまねく尋ねれど、知らず。其処かなたこなたへ徘徊し、甚《はなは》だ不安。若しや召仕の酔狂、または落馬の変を案じ、小畑へ帰らんと欲すといえども、若しも先へ行きしを知らず……急ぎ先へ行く。雲津まで早追いの如し。猶右汗頂きより踵《きびす》へ流れ、襦袢袷を融かしほとんど水に入が如きなり。津迄の内往来の旅人にこれを問うといえども、知る者なし。心魂頻に迷惑し、接語互いに楽しまず。津の茶屋にて喫したく立ち入りしところ、女云う、一昨日のお連衆、先にここに帰り、須臾《しばらく》待ちたまうといえども、見ずにより、神戸《かんべ》まで行き給うという。予、聞きて大いに悦ぶ。上野を過ぎて尓慶《じけい》（所の名）に至り、五躰疲れ気倦《う》みて又一歩を進むこと難し。猶右とともに駕籠を借り乗り（百十五文ずつ）、日暮れの路遠くして親の心安せざるを思う。道すがら百千の蛍火乱れ飛び、水面輝き渡り青苗散銀沙面。七刻ばかりに神戸河原屋庄兵衛ところへ行き、親と対面す。

長文だが、今回の旅のひとつのヤマ場なので、ほぼ全文を引いた。

朝の五時過ぎに三人は小俣《おばた》の宿を出る。このとき文左衛門たちは松坂まで駕籠を雇い、小菅《こすげ》猶右衛門《ゆうえもん》と半分ずつ乗ることにした。父重村は馬を借りている。途中、文左衛門たちは斎宮《さいくう》で寄り道し、菅笠《すげがさ》（「すががさ」とも）を買った。これが事件の発端、その間に父の馬は先に進み、姿を見ないまま松坂に着いた。松坂で待っていてくれると思ったのが間違いで、何処を探しても姿が見えない。だんだん悪い想像が頭を過《よ》ぎるようになる。

「付き添いの召使が何かしでかしたのでは……ひょっとすると落馬して何処かへ担《かつ》ぎこまれていないか……ひょっとすると追い越したかも知れない、小俣へ戻ろうか、いやいやもっと先へ行ったのだろう……」と、とにかく先を急ぎ、次の雲出《くもず》まではほとんど駆け足だった。猶右衛門はと見れば、顔中から汗が流れ出て、肌襦袢にいたるまでびっしょり濡らしている。雲出の先の「津」へ向かいながら、行き交う人ごとに「年配の……を見かけませんでしたか」と尋ねるが、皆、首を振るばかり。猶右衛門と交わす言葉も上の空、とうとう「津」に着き、喉が乾くので茶店に入ると、「やっとお着きですか、お連れのご隠居さまは暫くここでお待ちでしたが、神戸まで先に行くと、お発ちになりました」という。往きに寄った茶店なので、女将《おかみ》が覚えていてくれたのだ。ホッとすると同時に喜びに体が震え、すぐに神戸へ向けて発った。上野を過ぎ寺家《じけ》（尓慶）まで来ると緊張の糸が切れたのか、もう一歩も進めなくなり、駕籠を雇った。

大なり小なりこれと似た経験は、誰しもが持っている。だから他人事《ひとごと》でなく、焦る気持ちが直《じか》に伝わってくる。ようやく夕方の五時過ぎ神戸に着き、河原屋庄兵衛の宿で無事父親と対面した。「お前たち若いのに遅いなぁ」とでも、言われたのだろう。

◎（廿三日）快晴。夜明けに宿を出る。予、四日市まで駕籠に乗る。未刻《ひつじのこく》桑名へ着く。予妻のため玳瑁《たいまい》（鼈甲《べっこう》）の櫛を買う（七匁五分）。熱田の返り船に乗り薄暮に熱田へ着く（船頭に銭二百文遣わす）。酉五刻《とりのごこく》帰宅。

朝五時過ぎに神戸宿を発ち、四日市までの三里を駕籠に乗り、昼食を挟んで残り三里余（一三キロ）を歩き、桑名に着いたのが未刻（午後二時）、桑名で乗船前に妻たちへ鼈甲の櫛など土産物を買い、薄暮（午後七時過ぎ）に熱田へ着いた。熱田から歩いて酉五刻（夜九時頃）に帰宅した。めでたしめでたしである。

三度目の伊勢まいり

三度目の伊勢まいりは、宝永六年（一七〇九）四月二〇日であった。四年前の宝永二年に、京都の宇治に端を発した「お蔭参り《かげまい》」が流行した。四月上旬から毎日二、三人が松坂を通るようになり、やがて一日一〇万人を超え、最盛期には二三万人に達したという。およそ一〇〇年後、この事実を本居宣長（一七三〇〜一八〇一）は『玉勝間』に書き残している。

この年（宝永六年）の正月、犬公方《いぬくぼう》と渾名された将軍綱吉が没し、まるでそれが合図だったように、三、四月になると連日のように、尾張北部の春日井から小牧にかけオオカミが暴れ回って、村人を食い殺している。四月四日には犬山の南端の楽田《がくでん》で、水野村御案内（藩主の狩りの先導役、のちの御林《おはやし》方奉行《がた》）水野権平の手によってオオカミが仕留められ、文左衛門はその寸法を克明に筆記している。

四月半ばの伊勢まいり直後に、文左衛門の娘〈おこん〉と水野権平の息子〈久治郎〉の縁談がまとまる。伊勢の天照大神の御利益が早速あらわれた。なお今回の参宮は、第四七回の式年遷宮に合わせたものらしい。

◎（二〇日）夜薄曇り、亥前、八郎右・瀬左とともに発足し巾下へかかり、佐屋へ行く。瀬左と予は枇杷島にて駕籠に乗る（佐屋迄に二百三十文）。半駄賃壱疋立。源右衛門代参友平、予に随い行く。召仕は八平。昼旅籠一日五十文宛の積もりに渡す。

宝永六年の四月二〇日は新暦の五月二九日、亥刻前《いのこく》（夜の九時半頃）親友二人と出発した。外堀を通り巾下門《はばした》で堀川を渡り、美濃街道を枇杷島へ向かう。枇杷島橋を渡ったところで駕籠を雇い、土器野《どきの》（「かわらけの」とも）で美濃路と分かれて津島街道に入り、上萱津《かみかやづ》、甚目寺《じもくじ》から青塚、勝幡《しょはた》と進み、ここから堤防道を津島へ下る。津島から佐屋まで、およそ一里である。

同行の八郎右《はちろうう》とは、文左衛門の隣に住む渡辺八郎右衛門村綱のこと、仁兵衛ともいい、渡辺半蔵の組に属して三〇〇石の家柄。元禄一二年に家督を継いでいる。

もうひとりの瀬左《せざ》とは、主税《ちから》筋を挟んで朝日家の斜め向かいに住む石川瀬左衛門正珍《まさよし?》のこと、『士林泝洄』には「成瀬隼人に属し百五十石の家柄」とある。どうでもよいことだが、姪《めい》を妻にしている。そのほか文左衛門の伯父で上司でもある渡辺源右衛門が、代参として召使の友平を遣わし、また文左衛門の召使八平もお供している。召使には昼食と泊り賃を一日五〇文ずつ渡したとあるが、いまのお金でどのくらいだろう。当時の両《りょう》（金貨・計数貨幣）、匁《もんめ》（銀貨・秤量《しょうりょう》貨幣）、文《もん》（銅貨・計数貨幣）をいまのお金に換算するのは、簡単なようで意外に難しい。

かつて〈お米の値段〉を基準に、江戸時代の〈一両〉をいまの〈円〉に換算することがおこなわれていたが、最近の解説書の多くは、磯田道史氏の『武士の家計簿』を参考にしている。

磯田氏は幕末から明治を生きた地方武士の家計簿を、神田の古本屋から入手された。金沢藩御算用者（経理係）猪山《いのやま》家の家計簿である。これをもとに当時の金沢藩（加賀藩）士の経済活動を描かれたのだが、その中に当時の収入を今のお金に換算するくだりがある。武士の給与は玄米で支払われ、米の値段から計算すると「玄米一石（一五〇キロ）＝五万円＝一両」となり、猪山家の賞与（拝領金）を含めた実収入五〇石は二五〇〇万円となり、いささか所得として低過ぎる。

そこでいろいろな職業の賃金を加味して計算し直し「一両＝三〇万円、銀一匁＝四〇〇〇円、銅貨一文＝五〇円弱（一両＝七五匁＝六三〇〇文として）」を導かれた。教育テレビのテキスト（二〇〇七年）でもこの数値を踏襲されており、日銀の貨幣博物館ホームページもほぼ同じ基準を示しているという。

筆者はかつて『鸚鵡籠中記』について記したとき、一両を一五万円とした。これは小林弘忠氏が示された「一文＝二五円、一両＝一五万円（一両＝六〇〇〇文として）」（『大江戸「懐」事情』）の換算基準が、いまの金銭感覚に合っているると思ったからである。氏は日常の品々を比較され、うな重一〇〇文（二五〇〇円）／蕎麦一六文（四〇〇円）／居酒屋酒一合二〇文（五〇〇円）などを示された。なかに四文屋《しもんや》（四文均一の大道商人、屋台の食べ物売り）という今の「百円ショップ」感覚の店があり、四文はちょうど一〇〇円、大いに気に入った。

この換算に従うと、召使に一日一二五〇円を渡し、枇杷島～佐屋間の駕籠代として五七五〇円を支払ったことになる。当時の駕籠はいまのタクシーに近いと思えばよい。要するにどれが正しいかではなく、いまの金銭感覚に近いかどうかである。ただし蕎麦屋や四文屋などはいずれも江戸後期の話で、文左衛門の元禄期にそのまま当て嵌まるかどうかわからない。

◎（二一日）日の出甚だ赤し。頃日《けいじつ》、日月の色赤し。これ旱《ひでり》の象《きざし》か。終日曇り、時々薄曇り、時々日光現わる。卯半ころ佐屋へ着き、持参の弁当を給《た》ぶ。庄屋孫左衛門を頼み、桑名への船あるを借りる。巳半ころ桑名へ着く。とみだにて焼き蛤を求め酒食等給ぶ。……中半刻、神戸に宿す。

桑名渡し口　『伊勢参宮名所図会』巻3

日の出は四時四〇分頃、その赤さが印象に残ったらしい。明け切った五時頃に佐屋へ着き、八平に持たせた弁当を食べた。名古屋から津島まで五里、佐屋まではプラス一里、計六里（二四キロ）の道程である。津島街道は、新川橋（土器野）を渡り美濃路と分かれてから津島までをいい、城下から新川橋までの一里半は美濃路に重なる。城下から佐屋までの六里を七時間余かかっていて、筆者の「一里＝一時間」ペースより遅い。深夜のためだろう。佐屋に着いて庄屋の孫左衛門に頼み、桑名までの船を都合して貰った。九時過ぎに桑名へ着くまでの三時間余、船中で熟睡したことだろう。

桑名は桑名藩一〇万石（ないし一一万石）の城下町で、東海道四二番目の宿である。美濃の物資はすべて木曽三川《さんせん》の川船で桑名湊へ運ばれ、各地へ積み出される。交通と物流の拠点でもあった。そういう重要な土地だから、家康は信頼する部将に預けた。慶長六年（一六一〇）、初代藩主に、徳川四天王のひとり本多忠勝《ただかつ》（一五四八〜一六一〇）が就《つ》いた。肖像画（立坂神社蔵・桑名市文化財）を見ると、鹿角《ろっかく》の前立《まえだち》兜《かぶと》を被《かぶ》った異相の将で、いかにも強そうである。ただし桑名藩は、この本多家より久松松平家との関わりの方が深い。本多家は二代目の忠政が、元和三年（一六一七）に姫路へ移され、代わって久松松平家の定勝が掛川から入封した。寛永一二年（一六三五）、定勝の次男定行は伊予松山藩へ転封《てんぽう》、大垣から同じく三男の定綱が桑名へ入封している。

久松氏はもともと知多半島阿久比《あぐい》の城主だったが、家康の生母於大《おだい》（伝通院）が久松俊勝（一五二六〜八七）に再嫁し、久松氏との間に四人の子をもうけた。彼等はすべて家康の異父弟にあたることから、のちに松平姓を許される。

何事もなければ、久松松平家（定綱の子孫）が桑名城主として続いたはずだが、宝永七年（一七一〇）、定重（定綱の子定良の養子）のとき一大疑獄事件が起き、越後高田（新潟県）へ転封となった。そのあと陸奥白河藩（福島県）を経て、一世紀余のちの文政六年（一八二三）ようやく桑名藩へ戻される。白河時代に寛政の改革を担当した松平定信（吉宗の孫）が久松家へ養子に入り、桑名藩復帰はその子定永（一七九一〜一八三八）のときである。父の威光が効いたのかもしれない。

疑獄事件は宝永七年、文左衛門の伊勢まいりの翌年であるが、筆まめで地獄耳の文左衛門は、細大漏らさず日記に書き記している。事件については不明な点が多く、またここで詮索すべき

富田の焼蛤　『伊勢参宮名所図会』巻３

ではないのでコラム（79ページ）にゆずるが、郡代の野村増右衛門以下一族郎党の斬罪三三名に及んでいる。そのほか足軽らの暇《いとま》四〇〇名以上、追放も六〇名に及ぶ。これだけの処分が行われたのに、どうも事件の全貌が見えて来ない。「この事件は当時から疑問が多く、定重の子孫が桑名藩主に復した時その罪は許され、刑死者四四名の法名を記した供養塔が文政一〇年（一八二七）に建てられた」（『目で見る桑名の江戸時代』）と解説されている。実に不思議な事件だ。

次に「とみだにて焼き蛤《はまぐり》を求め、酒食等給《た》ぶ」とある。桑名～富田《とみだ》（「とんだ」とも）間は二里弱、お昼前に富田に着き、名物の焼き蛤を肴に一杯やっている。蛤は桑名でないのか不審に思い、手持ちの『図会』類にあたってみた。

『伊勢参宮名所図会』に「【朝明郡富田】四日市より五十町。名産焼蛤」とあり、『東海道名所図会』には「【四日市】桑名まで三里八町……名物焙蛤《やきはまぐり》、東富田・おぶけ（小向）両所の茶店に、火鉢を軒端へ出し、松毬《まつかさ》にて蛤を焙《あぶ》り、旅客を饗す。桑名の焙蛤とはこれなり」とある。

焼蛤は桑名名物と思い込んでいたが、桑名と四日市の間、具体的には小向や東富田の茶店で出す蛤が評判で、わざわざ「桑名の焼蛤とはこれなり」と断っている。桑名宿の方は「溜《たまり》豆《しょう》油《ゆ》にて製す」とあり、いまもむかしも名物は〈佃煮〉だったらしい。では「その手はくわなの焼蛤」は単なる語呂合わせかというと、そうともいえない。

今井金吾氏は「当時東下りする旅人は、東富田や小向で充分に焼蛤を味わってきており、桑名へ来て〈生きた蛤〉を向けられても〈その手はくわなの……〉と洒落のめしたからとのこと。それほど桑名は飯盛女でも評判だった」と、いささかエロチックな解説を加えられている（『江戸の旅』）。なお桑名の佃煮は「時雨蛤《しぐれはまぐり》」がブランド名だが、これは「蛤は秋より春まで漁す。初冬の頃美味なるゆえ、時雨蛤の名あり」（『東海道名所図会』）ということらしい。

東富田（現近鉄富田駅辺）から神戸までは四里余り、文左衛門たちは五時半頃に宿に着いている。神戸宿と聞いてもピンと来ない人が多いだろうが、サーキットで知られる鈴鹿市の中心地である。

案内書では鈴鹿を、近鉄主要駅のある白子《しろこ》地区、市役所など公共機関の集中する神戸《かんべ》地区、大規模商業施設の広がる平田《ひらた》地区に分け、解説されている（『三重県の歴史散歩』）。それ以外に、鈴鹿川北岸の加佐登《かさど》地区（白鳥塚・加佐登神社）や石薬師・国分町地区（国分寺跡・考古博物館）、さらに平田町南の鈴鹿サーキットなど、見所は多い。神戸へは近鉄名古屋線の伊勢若松駅で鈴鹿線に乗換え、二つ目の鈴鹿市駅で下車する。

◎「(二二日) 寅半ころ宿を発す。数千万の蛍、或いは樹枝を耀しまたは水面を照らす。尾府より甚大なる蛍なり。発足前に須臾雨降り、発足前に止む。行く先々、雨降り、地濡れてあり。そこに至れば雨止み、少しの雨にも遭わず。奇と云いつべし。薄曇り。昼前より快晴。今日まで八専なり。その故にや、毎日雹あり。降らんとする事もあれども、終に降らず。以後連日快晴なり。

神戸の宿を七ツ発《だ》ち、つまり午前三時頃に出立している。須臾《しゅゆ》(しばらく)雨が降ったせいか、蛍の数が凄かったとある。数千万匹は大袈裟だと思うが、まず尾張では見られない光景だったらしい。行く先々の地面が濡れているが、直接雨にあたることはなかった。その心掛けの良さを自賛している。

「八専《はっせん》だから毎日カミナリがある」というくだりは暦の話で、少し説明を要する。

◆コラム　むかしの暦と八専《はっせん》

タテに十干《じっかん》(甲乙丙丁戊己庚辛壬癸《こうおつへいていぼきこうしんじんき》)ヨコに十二支(子丑《しちゅう》 寅卯辰巳午未申酉《いんぼうしんしごびしんゆう》 戌亥《じゅつがい》)を並べ仕切っていくと、全部で一二〇のマス目ができる。左上を最初のマス目にすると、そこは甲《かっ》・子《し》が交わり、次にひとつずつズラして乙《おっ》・丑《ちゅう》の交わるマスとなる。

こうしてタテ・ヨコ一つずつずらし斜めに埋めていくと、実際は六〇で元のマスに戻る。

十干十二支表と八専

		水	土	木	木	土	火	火	土	金	金	土	水
		子	丑	寅	卯	辰	巳	午	未	申	酉	戌	亥
木	甲	甲子 1		甲寅 51		甲辰 41		甲午 31		甲申 21		甲戌 11	
	乙		乙丑 2		乙卯 52		乙巳 42		乙未 32		乙酉 22		乙亥 12
火	丙	丙子 13		丙寅 3		丙辰 53		丙午 43		丙申 33		丙戌 23	
	丁		丁丑 14		丁卯 4		丁巳 54		丁未 44		丁酉 34		丁亥 24
土	戊	戊子 25		戊寅 15		戊辰 5		戊午 55		戊申 45		戊戌 35	
	己		己丑 26		己卯 16		己巳 6		己未 56		己酉 46		己亥 36
金	庚	庚子 37		庚寅 27		庚辰 17		庚午 7		庚申 57		庚戌 47	
	辛		辛丑 38		辛卯 28		辛巳 18		辛未 8		辛酉 58		辛亥 48
水	壬	壬子 49		壬寅 39		壬辰 29		壬午 19		壬申 9		壬戌 59	
	癸		癸丑 50		癸卯 40		癸巳 30		癸未 20		癸酉 10		癸亥 60

これが「干支表」と呼ばれるもので、むかしは「年」も干支（60年で還暦）、「日」も干支（年間60日×6巡）を使って表してきた。

その干と支を五行（木火土金水）に当てはめると、木と木、火と火のように「気」の重なる組合わせが、たまたま60マスの最後の49番の壬子《じんし》（水と水）から60番の癸亥《きがい》（水と水）の12マスの間に集中する（十干十二支表と八専を参照）。重なりは全部で八つ（これを八専という）あり、残り四つはハズレの日（間《ま》日《び》）となる。

水の重なる「気」からはじまり、水の重なる「気」で終るため、いつしか八専は、天気占いの「降雨多し」と結びつけられるようになった。日記でも八専が終った23日以降は、連日快晴とある。結構当たるのである。

◆コラム　桑名藩の野村増右衛門事件

前藩主の松平定良が、病気療養のため有馬温泉へでかけ、帰路に京都で急逝したため、一族の伊予松山の松平から養子として「定重」が迎えられた。明暦三年（一六五七）、定重一四歳のときである。この藩主について『桑名市史』に「人と為り豪爽果断、人に任じて疑わず」と評している。事件はこの藩主の治世下で起きた。宝永七年（一七一〇）、藩主六七歳のときである。

藩内に野村増右衛門という才気煥発、政治経済の術に長じ、文武両道に明通した人物がいて、郡代の手代を振り出しにたちまち郡代にのぼりつめ、権勢は家老たちを凌ぐまでになった。それもその筈で、元禄一四年（一七〇一）の桑名大火で未曽有の被害（城は全て焼亡、城下も町屋一五〇〇軒、侍屋敷一三〇軒、社寺六か所焼亡）を出したが、その復興に並々ならぬ手腕を発揮し（三か年で復興という）、他にも河川改修から海岸の新田開発、幕命を受けての相模酒匂川《さこうがわ》のしゅんせつ工事に至るまですべて成功させたという、いわば藩の大恩人であるが、突如公金横領など十数か条におよぶ罪状で逮捕された。取り調べでほとんどすべて弁明できたが、わずかな会計上の瑣事でついに死罪の判決を受け、処刑された。その係累の処罰がひどかった。刑死者は四四名におよび、子ども一三人、八〇歳の増右衛門の母まで含まれていた。しかも事件関係の資料はすべて焼却という徹底したもので、さすがに藩主はこのあと越後高田へ移封されている。事件についての想像はいくらもめぐらすことができるが、真相は闇の中。この事件、朝日文左衛門ももちろん日記に付けている。

宝永七年五月一一日「野村増右衛門、甚だ不首尾。姦悪露見と云々」の書き出しで、増右衛門配下の藩士たちや足軽たちに多く暇が出され、関係する百姓まで追放されたこと、また増右衛門は名古屋の石臼屋とつるんで質の悪い酒を独占的に桑名へ持ち込み、他から一切買わせなかったこと、最近富田の遊女が禁止になったのも野村が関係するか、と記している。

さらに五月晦日、「増右衛門事件詳報」と題して、二三日に京から帰ってきた増右衛門とその一族郎党が直ちにお預け・幽閉となり、晦日に「野村増右衛門　五三歳　郡代・千石」以下、長男三二歳、二男・三男、増右衛門の弟とその子どもたち三人など、計三〇人の斬首に処せられたと記す。さらに暇や追放、家財没収の処罰は、足軽三七〇人から庄屋、町人にいたるまで、活字本の三頁にわたって記載がつづく。明らかに異常である。しかし文左衛門も何が起こったのかわからなかったらしく、特にコメントはしていない

白子山観音寺

○白子《しろこ》観音寺へ寄る。不断桜《ふだんざくら》を見る（花なし）。津とうせ茶屋にて昼飯を給《た》ぶ。（十文も り三盃）蚫《あわび》を求め、煮て食す。甚《はなは》だ美なり。酒を快く給ぶ。意気揚々として歩行す。垂《たる》水《み》村にて垂水山成鷲寺《じょうじゅじ》の（大日《だいにち》なり、坂を上がる事三十歩にあり）堂守禅達《ぜんたつ》（真言）に知人《しるひと》になり、水を喫す。甚だ清冷なり。惣じて当所水潔しと云々。山上七、八町行けば清水ありと云々。禅達が居所《きょしょ》より滄海・雲山・帆船・民屋・遠樹・近林・水田・曠野悉《ことごと》く目下に現わし、景勝言うべからず。尾・濃・参等、悉く見ゆ。

松坂より新茶坊まで駕籠に乗る（百六十文）。この駕籠、山田へ帰ると云々。小俣へなお乗るべしと請うゆえ、四十五文にて又小俣まで乗る。酉半《とりのはん》、小俣に宿す。夜、月額を加右衛門に頼む。深更、少し地震。予、左脚指にマメをふみ出し、少し痛む。

神戸《かんべの》宿《しゅく》から漁業の町白子《しろこ》まで一里半、同じ鈴鹿市のなかにある。白子山観音寺へは、近鉄名古屋本線で白子駅まで行き、普通に乗換えて次の鼓《つづみ》ヶ浦《がうら》駅で降りる。線路に併行する道を進行方向へ進み、釜屋《かまや》川に架かる子安橋《こやすばし》を渡ると、前方右手に観音寺（高野山真言宗）が見えてくる。五分とかからない。この辺りの地番は寺家《じけ》三丁目だが、寺家の名も観音寺に関係する。観音寺の通称は「子安観音」で安産の霊験があるとされ、一年を通じ参詣の人が絶えない。

寺伝では聖武天皇の時代（七二四〜七四九）、海辺に鼓《つづみ》の音がするので漁師が網を下ろすと鼓に乗って観音像が上がってきたという。これを本尊とし勅願寺が建てられた。近くの海を鼓ヶ浦と呼ぶのも、この伝説に由来する。引き揚げられた観音像は〈白衣《びゃくえ》を着けた小さな尊像〉であり、これを〈白子《しろこ》〉と呼んで、観音寺の山号になった。

仁王門は元禄一六年（一七〇三）の建立（昭和五七年解体修理）というから、文左衛門は完成して間もない仁王門を見たことになる。ここをくぐると正面に辻玄種《つじもろたね》作の銅製灯籠《とうろう》（県文化財）があり、左手に四季咲きの不断ザクラ（国天然記念物）が四方に枝を広げている。

銅灯篭は正面に「冶工津之住人前但馬守次男　辻祢三右衛門尉藤原玄種」とあり、裏面に「寛文六年丙午暦十二月吉祥日」の銘がある。辻家は著名な鋳物師《いもじ》で、その祖家重《いえしげ》（一五四一〜一六一五）は、方広寺の鐘を鋳造したときの脇棟梁（棟梁は京都三条の釜師名越三昌）だった。鐘

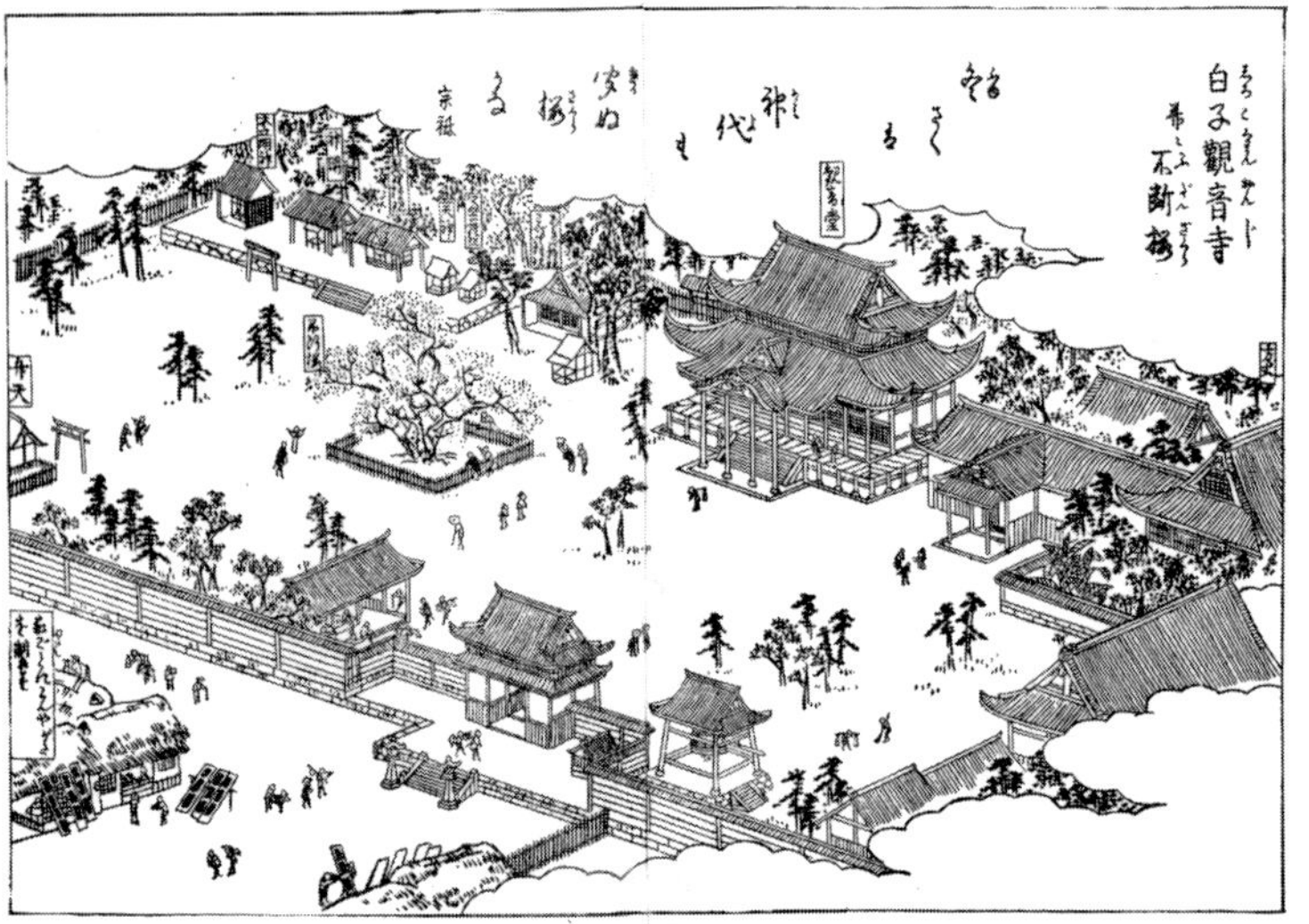

白子観音寺　『伊勢参宮名所図会』巻3

に刻された銘文の、「国家安康《こっかあんこう》」「君臣豊楽子《くんしんほうらくし》孫殷昌《そんいんしょう》」が家康の癇に障り、豊臣家滅亡の原因となった。銘は、当時詩文家として聞こえた文英清韓《ぶんえいせいかん》（?〜一六二一、現鈴鹿市三宅町出身の禅僧、東福寺・南禅寺の住持）の撰文で、素直に読めば、「国家が安らかに、君・臣ともに豊かに栄える」といった意味だが、むろん家康は素直に読まない。「家と康を断ち切って国安んずる」「君を臣にして豊臣氏は楽しみ、その子孫が栄える」とでも読んだのだろう。要するに口実が欲しかったのだ。清韓は罪を蒙って駿府へ送られたが、のちに許されて津へ至ったと伝える。

話を「白子観音名勝の不断桜」に戻す。文左衛門の訪れたときは咲いていなかったとみえ、「花なし」と悔しそうに注記しているが、筆者が訪れた三月二九日は満開に近かった。里桜なので満開でもソメイヨシノのような華

新しく誕生した本

のんびりゆったり歴史歩き

遠いむかしの伊勢まいり

朝日文左衛門と歩く

大下　武

徒歩と船と駕籠の時代の旅に思いを馳せながら
伊勢への道をたどる

およそ３００年前の尾張藩士の日記に三度の伊勢まいりの記述がある。それをたどりながら、伊勢路をいくつかに刻み、最寄り駅からせっせと歩いて、遠いむかしの伊勢まいりに思いを馳せたユニークな旅の記録。

現代でしか出会えない名所もコラムで紹介。

ISBN978-4-87758-443-6

仕様：A5変判　並製
本文128ページ＋カラー8ページ
定価：1575円（本体1500円＋税）

読んだら行きたくなる旅シリーズ

仕様：A5変判　並製
本文104ページ＋カラー24ページ
定価：1575円（本体1500円＋税）

ISBN978-4-87758-420-7

こころの寺めぐり

神山《こうやま》里美

ラジオパーソナリティ
神山里美さんの初めての本！

現実から逃れるためにはじめた寺めぐりが、十二年間で四百以上の寺を訪ねるうちに、人との交流を求める寺めぐりに発展。心の変化とともにあった三十五の寺を紹介し、撮りためた写真も公開。

仕様：A5変判　並製
本文104ページ＋カラー24ページ
定価：1575円（本体1500円＋税）

ISBN978-4-87758-422-1

元気になれる小さな旅

東海のパワースポット30

三島衣《い》理《り》

近場でゆったり！

愛知、岐阜、三重の元気になれる30スポットをエッセイと写真で紹介。

都会で不自然な暮らしを強いられている現代人が、手軽に「気」の充電ができるところばかりです。

鉄道とバス、ときに船や車を使う旅。

読んだら行きたくなる旅シリーズ

仕様：A5変判　並製
本文112ページ＋カラー16ページ
定価：1575円（本体1500円＋税）

ISBN978-4-87758-435-1

長良川鉄道ゆるり旅

オカダミノル　文
茶畑和也　絵
柏本勝成　写真

はじめてなのになつかしい。

長良川鉄道三十八駅。岐阜県美濃太田駅から北濃駅までの約二時間。車窓を楽しむもよし、降りて街を歩くもよし。十五駅にまつわる二十三話と写真、絵で織り成す長良川鉄道讃歌。

健康エッセイ

仕様：四六判　並製　本文208ページ
定価：1470円（本体1400円＋税）

ISBN978-4-87758-433-7

戦国武将の健康術

植田美津恵

生は限りあるものだからこそ、自分らしい健康を求めたい

日本人の寿命が五十歳に達したのは、わずか六十年ほど前、一九四七（昭和二十二）年のことでした。

今では、戦国時代とは比べものにならないほど寿命は延びたものの、長生きイコール幸せではないことには多くの人が気づいています。健康を追求するだけでなく、戦国武将の辞世の句を取り上げて、死の受けとめ方も伝授します。

ノンフィクション

伊勢湾台風　水害前線の村

岡　邦行

ISBN978-4-87758-425-2

仕様：四六判　並製　本文384ページ
定価：1995円（本体1900円＋税）

忘れてはいけない
「伊勢湾台風」のすべてがここにある！

一九五九（昭和三十四）年九月二十六日、後に「伊勢湾台風」と名づけられる台風十五号が東海地方を襲った。特異な歴史をもつ小さな村に焦点をあて、「その日」を再現。名古屋地方気象台、災害対策本部、中部日本新聞社（現中日新聞社）の動きを重ねることで、「伊勢湾台風」の全貌が浮かび上がってくる。そして、被災者をふくめ登場する人たちの半世紀後の思い……。

ゆいぽおとでは、
ふつうの人が暮らしのなかで、
少し立ち止まって考えてみたくなることを大切にします。
テーマとなるのは、たとえば、いのち、自然、こども、歴史など。
長く読み継いでいってほしいこと、
いま残さなければ時代の谷間に消えていってしまうことを、
本というかたちをとおして読者に伝えていきます。

ゆいぽおと　http://www.yuiport.co.jp/
〒461-0001　名古屋市東区泉一丁目15-23-1103
TEL052-955-8046　FAX052-955-8047
発売　KTC中央出版［注文専用フリーダイヤル］
TEL0120-160377　FAX0120-886965

やかさはない。連歌師里村《さとむら》紹巴《じょうは》（?〜一六〇二）の『富士見道記』に「白子山観音寺に不断桜とて名木あり」と記され（永禄一〇年〈一五六七〉）、それ以来広く知られるようになった。

本堂右手の資料館には、正親町《おおぎまち》天皇の勅願の綸旨《りんじ》や御三家の安産祈願文などが納められているが、開館は縁日等に限られているそうで、拝観できなかった。受付所には安産の御守が置いてあり、六種がセットになっているのを買い求めた。購入しているのは、みな若い夫婦ばかりだから、きっと変なジイさんと思われただろう。

袋を開けてみると母乳がたくさん出るように加持した「乳米」や、産気づいたときに飲み込む米粒が入っていたが、差し当たり使い道はない。ほかに不断桜の葉を包んだ紙があって、開けたときオモテなら女児、ウラなら男児と書かれてあった。筆者の葉はウラだった。この不断桜の葉の虫食い葉の模様が、伊勢型紙のルーツという説があるが、どうだろうか。近くに伝統産業会館があって、伊勢型紙の歴史が学べる。

『伊勢参宮名所図会』の奄藝《あんげ》郡《ごおり》・白子《しろこ》の項に「此郷の習俗に、妊娠のおびをせずとも難産なし」と記している。いささか唐突な記述だが、『発見！三重の歴史』（新人物往来社）は、「寺家村（白子）観音の氏子たちは昔から妊婦着帯の習慣がなかった」ことを、複数の文献から指摘している。子安観音を信仰する人たちは、腹帯を結ばなくとも安産できたらしい。精神的な支えを強く信じていれば良かったのだろう。ところがそのつづきに、「今は腹帯をするようになった」とあり、「いつ頃から定着したか不明だが、それを調べるのも地域の歴史であり、民俗学でもある」と結ばれている。その通りだが、ついでに調べておいてくれると有難かった。

境内に俳句の山口誓子《やまぐちせいし》所縁《ゆかり》の茶室がある。一時期鼓ケ浦《つづみがうら》に在住されていて、当寺住職と親交があったらしい。元禄頃の寺蔵《てらくら》を改築した茶席を誓子は〈静思庵《せいしあん》〉と命名、屏風や襖に自選の句を揮毫《きごう》している。〈静思庵〉入口の武家屋敷ふうの門は、名古屋の白壁町から近年移築したという。白壁町は文左衛門の住む主税《ちから》町より一つ北の筋にあたり、妙な偶然である。

◆コラム　白子の伊勢型紙

先ごろ名古屋の某デパートで、職人が実演販売する催しがあり、その一角に伊勢型紙のコーナーがあった。実際に見学してみて、これほど緻密な彫りとは想像していなかった。彫刻刀を回転させながら、ミリ単位の小穴を整然と彫っていく。熟練の彫り師ともなれば一センチ四方に一〇〇の穴を開けるという。いわゆる小紋だ。江戸時代、各藩は藩士の羽織の意匠を小紋で競った。

鋭い彫刻刀の微妙な動きにしばし見とれていたら、年取った職人もこちらに気づいて、型紙の話をぼつぼつ語り始めた。その間手元は瞬時も休めない。良いものを見させてもらったと思い、額縁入りの型紙作品を一枚買い求めた。

伊勢型紙とは、着物の柄や文様を染めるのに用いる「染色のための型紙」のこと。美濃和紙を柿渋《かきしぶ》を塗って丈夫にし、彫り職人が三、四枚重ね合わせて和紙紐で綴じ、一度に彫刻刀で模様を彫り抜く。彫った型紙を持って「白子の型紙商人」が各地を売り歩くのだが、やがて全国ほとんどの紺屋《こうや》が、布を染めるのにこの伊勢型紙を使うようになった。

現在白子には、この伊勢型紙について学ぶ施設が二つある。

伊勢型紙資料館　（〒五一〇・〇二四二　鈴鹿市白子本町二一の三〇　電話〇五九・三六八・〇二四〇）

伝統産業会館　（〒五一〇・〇二五四　鈴鹿市寺家三丁目一〇の一　電話〇五九・三八六・七五一一）

前者は、白子屈指の型紙問屋だった「寺尾斎兵衛」の住宅（江戸末期の建造物・市指定史跡）をいまの寺尾家当主が市に寄贈し、修復ののち平成九年に資料館施設としてオープンしたもの、伊勢型紙に関する資料・古文書と同保存会会員の彫刻作品などを展示、近鉄白子駅から海側へ徒歩五分のところにある。

もうひとつの伝統産業会館は、白子駅からひとつ伊勢寄りの「鼓《つづみ》ヶ《が》浦《うら》駅」で降り、海のほうへ一〇分ほど歩く。昭和五八年にオープンした「鈴鹿墨」と「伊勢型紙」の展示施設で、江戸以来の名匠の作品が、ズラリ展示されている。

ここを訪れたのは真夏だったが、玄関先に設けられた和風庭園が照り付ける陽に負けず、涼やかだった。入場無料で、おまけに型紙彫りの体験までさせてくれる。型紙のすべての工程を解説したビデオは、一見の価値がある。伊勢型紙についてかなりの知識が得られた。

◆コラム　大黒屋光太夫

大黒屋光太夫という名前、おそらく一度は耳にしたことがあるだろう。印象に残る名で、「江戸時代に漂流してロシアへ至り、女帝エカテリーナ二世に謁見した」という簡単なストーリーを記憶している人も多いと思う。そのあらすじにもう少し付け加えておきたい。

大黒屋光太夫は、鈴鹿市白子南若松の豊かな商家に生まれ育ったが、どういう経緯《いきさつ》からか（諸説あり）三〇歳のころ神昌丸《しんしょうまる》という千石積み船の船頭になった。のちに発揮されるケタ外れの生命力から推して、内から迸《ほとばし》る何かが、海に向かわせたのかもしれない。

天明二年（一七八二）一二月九日、紀州藩の廻米《かいまい》五〇〇石と江戸の伊勢店に送る木綿や紙などを積み込み、船員一六人（うち一人は紀州藩農民）とともに白子浦《しろこのうら》を出港した。ときに光太夫三二歳であった。なお天明二年一二月九日は、西暦では年を越した一七八三年一月一一日になる。北西の季節風が強いころだ。

鳥羽で風待ちし、一三日に西風を受けてはじめて外海に向け出帆したが、夜半になって遠州灘（浜松の沖）で突然の暴風に遭い、船頭以下必死の操船も甲斐なく、転覆を避けるためまず積み荷を捨て、ついで帆柱を切り倒した。このあと千石船は、波間に漂うただの漂流船となった。

幸い米を積んでいたため食料には困らず、飲料水も雨水で凌《しの》いだ。それから半年間余、ひとりの犠牲者も出さずに漂流したことを考えると、船頭光太夫の統制力の凄さがうかがわれる。七月に入って最初の病死者を出したが、それから五日後の七月二〇日ついに島影を発見、その日のうちに上陸した。漂着した島はアリューシャン列島の西端に近いアムチトカ島だった。

そこには原住民と、毛皮商人として乗り込んできたロシア人が生活していた。毛皮商人たちはおよそ三年の期限で本国の人間と交代するため、光太夫たちもロシア人の帰国時まで待つことになるが、それから一年の間に七人が亡くなっている。陸《おか》に上がった途端の気のゆるみが、命を縮めたのかも知れない。

そして三年が経ち、交代の船を迎えることになった。しかし交代の船は入港目前で難破し、光太夫たちは岸辺に呆然と立ちつくした。それでも気を取り直した九人は、やがてロシア人二五人と協力して手づくりの船を完成させ、四年の歳月を送ったアムチトカ島を後にすることになった。無事カムチャツカに到着したのは、天明七年（一七八七）八月のことであった。

しかしカムチャッカでも、長官宅に住んだ光太夫以外は乏しい食生活を強いられ、結果、三人が壊血病で亡くなり、残るは六人になった。一年余をカムチャツカで過ごす間、著名なフランスの探検家レセップスと出会い、その著『レセップス旅行日録』に「コーダイユ」の名をとどめることになったが、光太夫の記憶からは抜け落ちている。

翌、天明八年（一七八八）の六月、カムチャツカから中継地オホーツクとヤクーツクを経てシベリア総督の居住地イルクーツクへ向け出発した。オホーツク発が九月、ヤクーツク発が一二月、そして一年半をかけて、寛政元年（一七八九）二月にようやくイルクーツクに到着した。ここでさらにひとり病没し、生き残りは五人になった。

イルクーツクでは総督から通訳としてとどまるよう強く要請され、そのため再三皇帝宛てに提出した「帰国願い」が握りつぶされた。ここで光太夫の強力な援護者として登場するのが、博物学者のキリル＝ラクスマンである。彼は光太夫らを通訳として引き留めるより、送還して「通商使節の派遣につなぐ」のが良策と考えていた。そのため、博物資料の上納に言《こと》寄せ、「光太夫が皇帝に拝謁し、帰国を嘆願する策」を考え、首都ペテルブルグへ光太夫を伴った。到着したのは寛政三年（一七九一）二月のことである。

皇帝に拝謁するのは容易ではなかったが、ようやく六月に参内の許可が下り、ラクスマンに伴われて離宮に参内した。時の皇帝はピョートル大帝の跡をつぎ啓蒙専制君主として名高いエカテリーナ二世（在位一七六二〜九六）で、遭難の様子など詳しくご下問があり、予定時間をはるかに超えて拝謁は上首尾に終わった。帰国の嘆願は確かに聞き届けられ、その後帰国までの間、数回にわたって拝謁があったという。光太夫の豪胆で率直な人柄が気に入られたらしい。余談ながら光太夫、なかなかの男前だったらしく、「多年漂白の風雪に鍛えあげられた不屈の強靭さと、商人としての如才なさがまじりあった苦み走った四十がらみの男」（亀井高孝『大黒屋光太夫』）と記されている。

帰国に際し女帝及び各界の名士から莫大な餞別品をもらい、寛政三年（一七九一）の十一月末、モスクワ経由で帰国の途についた。まず四人が待つイルクーツクへ向かう。年を越して一月二三日にイルクーツクに着き、再会を喜ぶ四人に女帝のことを語って聞かせた。四人とは小市、磯吉、新蔵、庄蔵だが、新蔵、庄蔵はすでにロシア正教に帰依しており、帰国は叶わない。漂流から一〇年を経たいま、帰国するのは、光太夫のほか小市と磯吉の三名となった。

イルクーツク出発は五月二〇日、ヤクーツク経由でオホーツクへ出、ここから船で日本をめざす。今回光太夫らの送還を兼ね日本へ派遣される使節は、キリル＝ラクスマンで。先のアダム＝ラクスマンの二男である。ラクスマンの一家は、光太夫らの大恩人である。帰国までの二年間に受けた援助は計り知れず、彼らがいなければ、光太夫らはおそらく日本の土を踏めなかった。いよいよ寛政四年（一七九二）九月二五日、エカテリーナ二世号と名付けられたロシア船がオホーツク港を出港し、一〇月二一日には北海道の根室に到着した。ラクスマンは同地に勤務する松前藩士に来航の趣旨を伝え、その覚書を提出した。返答を得るまでとりあえず営舎を組み、全員が上陸した。この報は直ちに松前藩主を経て幕閣に伝えられた。ときに老中筆頭は吉宗の孫にあたる松平定信、彼は丁寧な応対を指示し、しかし通商の話はできるだけ引き伸ばして諦めさせるという方法をとった。三人は日本側に引き渡され、友好の感触を得てラクスマンは帰国した。ロシア側も、日本の反応をみる程度の成果で良しとしたのである。この間小市は根室に上陸後病没した。（この項、亀井高孝『大黒屋光太夫』を参考）

光太夫、磯吉は江戸に送られ、町奉行や目付の審問を経たのち、江戸城内の吹上で将軍家斉《いえなり》以下松平定信以下重臣の居並ぶ中に召し出され、尋問が行われた。この席に将軍侍医の桂川甫周《ほしゅう》も出席し、のちにその聞き取りが『北槎聞略《ほくさぶんりゃく》』として著された。尋問のあと二人は、田安門を出て南へ下ったところの番町薬園（現靖国神社境内地）に住まいを与えられ、ここで生涯を終えることになる（一時金三〇両のほか、月々光太夫に三両、磯吉に二両支給された）。光太夫らは幽囚に近い生活と思われていたが、近年にいたりある程度の自由が認められたことが判明、故郷に一時帰国も許され、伊勢神宮にも参詣できたという。

故郷若松の生家跡に近い若松小学校内に大黒屋光太夫資料室が設けられていたが、平成一七年（二〇〇五）、隣接して大黒屋光太夫記念館（鈴鹿市若松中一丁目一の八　電話〇五九・三八五・三七九七）が開設された。近鉄の千代崎駅と若松駅のちょうど中間あたりでどちらからも一五分程度歩く。

千代崎駅から歩いたが、住宅地のなかに不意に記念館があらわれ、入口で洋風のいでたちの光太夫像が出迎えてくれる。残された絵画から復元されたものだろうが、絵画自体どの程度正確に伝えているのかよくわからない。それにしてもなかなかの男前である。

入館は無料だが、館内の撮影は禁止。光太夫の手紙やロシアから持ち帰った器物などが展示されている。最初に興味を惹いたのは、入口近くに展示されている千石船の模型だ。実用的な荷物運搬船らしく簡素な造りで、長さ三〇メートル、幅七メートルと記されてある。ケースの展示品を見て、日本側の記録の多いのが意外だった。『北槎聞略《ほくさぶんりゃく》』ぐらいしか知らなかったが、鈴鹿市所蔵のほか、各地資料館から集めた絵入りの記録がいくつもある。そのうち将軍へお目通りしたときの彩色画は館のパンフレットの表紙にもなっているが、髪をながく後ろへ垂らして先端を束ね、ロシア人の服装をしている。さぞ将軍家斉《いえなり》はびっくりしたろうと思うが、それよりもエカテリーナ女帝と堂々と渡り合えた「大黒屋光太夫」という人物、もっと評価されてよいのではないか。

津とうせ茶屋

文左衛門の日記には、〈とうすの茶屋〉あるいは〈とうせ茶屋〉とある。津市街図に、安濃《あのう》川に架かる〈塔世橋《とうせばし》〉が記載されている。明治の地形図には〈塔世村〉があり、四天王寺あたりの村名である。〈とうせ茶屋〉のイメージとして、「四天王寺の門前に何軒かの茶店が軒を連ね、お参りを済ませた旅人が茶店の縁台で餅を頬ばる図」を思い描いたが、そんな長閑《のどか》な光景ではなかったらしい。

『三重県の地名』（平凡社）には「塔世村は伊勢参宮街道に沿って発達し、とくに延宝三年（一六七五）塔世橋が架けられると、塔世茶屋とよばれる茶屋が並び、茶屋分《ぶん》の一二六間五尺は、茶屋町として津城下に準じる扱いを受けた」とある。四天王寺門前におよそ二五〇メートルにわって町並みが形成され、大いに賑わったのだろう。こうなると茶店どころではなく、れっきとした「茶屋」街である。日記にも「茶屋にて昼飯を給《た》ぶ。十文もり三盃の蚫《あわび》を求め、煮て食す。甚だ美なり。酒を快く給ぶ（ひと盛二五〇円のアワビ三杯を買い求め、煮て食したが、甚だ美味で酒が進んだ）」、というのである。それにしてもずいぶん安い。いま「伊勢せきや」の煮アワビは、一個五〇〇〇円前後するだろう。

石水博物館

塔世橋《とうせばし》は安濃川に架かる橋だが、一方、一キロあまり南の岩田川に架かる岩田橋の北詰に、百五銀行の〈津丸の内ビル〉があり、その二階が石水《せきすい》博物館になっている（平成二〇年当時）。創立者は、大正から昭和にかけ百五銀行の頭取をつとめた川喜田家一六代当主の久太夫政令《まさのり》氏、半泥子《はんでいし》の号で知られる人物である。祖父を敬慕し、その号「石水」を館名とした。なお祖父の石水は、同時代同郷出身の探検家「松浦武四郎」の後援者としても知られている。

昭和五年、半泥子によって設立された石水会館は、終戦の年の津市大空襲で焼失したが、昭和四六年に〈津丸の内ビル〉が現在地に建設され、その折川喜田家の千歳文庫《ちとせ》所蔵品が寄贈され、昭和五〇年、登録博物館「石水博物館」が開設された。

津市郊外垂水《たるみ》地区の千歳山に建てられた千歳文庫（鉄筋コンクリート四階建て）は、いまも博物館収蔵庫として使用されて（一般開放はしていない）、本居宣長・谷川士清《ことすが》関係資料をはじめ、貴重な文化財が多数収蔵されている。

半泥子は財界人として活躍する一方、文化人として多大な業績を残し、陶芸家としても「東の魯山人《ろさんじん》、西の半泥子」と評されるほどの人物である。しかし館を訪れたときは不勉強で半泥子のことをまるで知らなかったし、三重県を拠点とする百五銀行も馴染みが薄かった。博物館ではあまりに初歩的な質問に、二人の館員はあきれながら応対されたことと思う。

けいらん

そんな質問のひとつが〈とうせ茶屋〉という古い名、「とうせ茶屋の名は残っていませんか」と唐突に尋ねると、意外にも「そういえば塔世橋の北詰に〈とうせ茶屋〉の看板を掲げる店がある」という返事、すぐにネットで検索し、場所と店の概要を調べてくれた。ズバリ〈とうせ茶屋〉の店名があって、そこで〈けいらん〉を販売しているという。

〈けいらん〉は、江戸時代からある餅菓子で以前から気になっていた。近くで売っているのなら、ぜひ食べてみたい。館員は「けいらんなど珍しくもない、先日も貰って食べたばかり」と、菓子箱に添えた栞《しおり》を持ってきてくれた。店は多気《たき》郡多気町相可《おうか》の櫛田川畔にあり、〈まつかさ餅〉の名で売られている。「まんじゅうの上に飯粒をのせ……」とあるから、確かに〈けいらん〉ふうである。これと似たものを〈とうせ茶屋〉で売っているというので、石水博物館のお茶碗拝見もそこそこに、半泥子の紹介本を数冊買い求め、塔世橋へ急いだ。

塔世橋の北詰に、〈とうせ茶屋〉の看板を掲げる店はたしかにあった。しかしシャッターが降りていて、近くのお菓子屋さんに尋ねると、ご主人が体調を崩され休業しているとのこと、念のため〈けいらん〉について聞いてみると、「うちは菓子屋だから作らない、あれは餅屋さんが作るもので、売っているとしたら観音寺門前の大門《だいもん》商店街あたりだろう」という。このあと、めでたく筆者の口に入るまでには、まだいろいろ紆余曲折があったが、〈けいらん〉探訪記というわけでもないので、以下は端折《はしょ》る。なお「けいらん」は江戸菓子としてさほどポピュラーではないらしく、江戸の「食」関係の参考書や辞書の類にも出てこない。『広辞苑』にもなく意地になって探していたら、小学館『国語大辞典』が「鶏卵」の次に「米の粉でつくる菓子」と載せていて、ホッとした。

◆コラム　新築なった石水博物館と川喜多半泥子

川喜田《かわきた》家は三重県津市の旧家で、寛永一二年（一六三五）から江戸日本橋大伝馬町《おおでんまちょう》に木綿問屋の大店《おおだな》を構えており、江戸前期からの豪商であった。

明治一一年（一八七八）、政令《まさのり》（のちの半泥子）は川喜田家の長男として大阪市に生まれたが、生後間もなく父政豊、祖父政明を相次いで亡くし、幼くして「一六代久太夫」を継ぐことになった。未亡人となった母は、婚家に縛りつけるのは不憫との配慮から実家へ帰され、政令は祖母政《まさ》の手で育てられることになった。年譜によると、なかなか活発な少年時代を送ったようで、一二歳のとき伊勢の泳法「観海流」で五キロ余を泳ぎ切ったとある。

明治三三年、二二歳で東京専門学校入学。翌年退学し、一族の娘為賀《いか》と結婚。明治三六年、二五歳のとき百五銀行に取締役として入行した（四一歳で頭取）。二九歳のとき（明治四〇年）津市市議会議員、三重県県会議員に相次いで当選、この年早稲田大学の推薦校友に推された。

翌年、南禅寺第三二七世管長「大徹禅師」のもとに参禅し、わずか三年であったが多くを学んだ。半泥子の号は、参禅の師大徹禅師から授かったもの。「半ば泥《なず》みて、半ば泥まず」という意味からつけられたという（『随筆泥仏堂日録』解説森孝一）。「半ばとらわれ、半ばとらわれず」ということらしい。

半泥子は祖母に育てられた影響で、ことのほか祖父を尊敬していた。祖父は石水《せきすい》の号をもつ文化人で、和歌・茶の湯そして本草学に造詣が深く、「北海道」の名付け親で知られる探検家「松浦武四郎」の後援者でもあった。半泥子が本業以外の芸術全般に通じたのは、たしかに祖父の影響であった。昭和五年、祖父の号を付した「石水会館」を設立し、その収蔵庫にあたる千歳文庫を千歳山に造り、先祖伝来の書籍およそ二万点と多数の美術品を収蔵した。

森孝一氏は「半泥子ほど多くの人に好かれた人もいない。その魅力はなんといってもその人間から滲み出る味であろう」（前掲書）と評し、坪井正五郎、内田魯庵、泉鏡花、三田村鳶魚、会津八一、加藤唐九郎、金重陶陽《かねしげとうよう》、北大路魯山人、荒川豊蔵、藤原啓、小山富士夫、五島慶太など各界人物との交友関係を語っている。実に錚々《そうそう》たる人脈だ。

ある雑誌の半泥子特集号で「半泥子とは何者ぞ」と題して、「実業家か？」「茶人か？」「陶芸家か？」と三様の問いかけをし、それぞれに詳しい答えを用意していた。三つとも当てはまるから厄介なのである。

某日、千歳山中腹の千歳山文庫の処に新設された「石水博物館」を訪ねた。交通の便は悪い。こうした場合の常として、往きは最寄り駅の「津新町」からタクシーにのった。帰りは何とでもなる。

タクシーの運転手さんに「石水博物館」というと、すぐに「百五銀行の川喜多《かわきた》さんですね」と返してきた。三重では桑名に「六華苑《ろっかえん》」を残した諸戸《もろと》家とこの川喜多家は別格で、金持ちのレベルを遥かに超えた、雲の上の人らしい。筆者はどちらも詳しくは知らない。それでも百五銀行の方は、最近筆者の家の方にも出店され、僅かな預金しかしないのに、広報誌『すばらしき《みえ》』を毎号いただいている。三重についての定期刊行物は意外に少なく、この小冊子を愛読している。

新しい石水博物館を訪れ、一番驚いたのは半泥子の茶碗の見事さであった。「東の魯山人、西の半泥子」の評言が何を対象にしているのか知らないが、茶碗に関するかぎり半泥子はずっと凄いと思った。美の世界は格別で一方的に決めつけるわけにはいかないが、はじめて荒川豊蔵の「志野」を拝見したときと同じ感動を味わった。終生「シロウト」を通したが、その「シロウト」の部分に他者に真似のできない「育ちの良さ」が滲み出ている。

博物館では半泥子の茶碗を拝見しただけで、今日はもういいという気がして、館を後にした。受付でバス停の位置を丁寧に教えていただいたが、案の定道に迷い、かなり大回りして「青谷口」バス停に辿りついた。ここを通る三重交通バスは、近鉄の「津駅」と「久居駅」を結んでいる。

津の城下町

明治の地形図を見ると塔世橋の位置が、いまより少し上流になっている。江戸初期には軍事上の理由から架橋されず徒渉《かちわたり》だったが、延宝三年（一六七五）になって橋が架けられた。ただし欄干のない土橋《どばし》だったという。塔世橋の北詰は四天王寺境内に接するほど近く、文字通り門前には茶屋が軒を連ね、現在でも〈とうせ茶屋〉の名が記憶されるほど賑わっていたのだろう。

津の城下の北の入口に位置する四天王寺は、山号を塔世山と称し曹洞宗の寺院。かつて薬師堂があって、薬師如来を中心に阿弥陀如来など五体の像が安置されていた。いずれも平安末期の二メートルを越す大像で、国宝に指定されていたが、昭和二〇年の空襲で薬師如来像のほかはすべて焼失したという。聖徳太子の建立と伝えられるが、奈良時代の古瓦が出土することや、裏山の鳥居古墳から渡金押出仏が出土していることなど、当地方における古代仏教の拠点だったことは確かなようだ（『三重県の地名』）。

さて、〈とうせ茶屋〉のアワビで十分に英気を養った文左衛門一行は、いよいよ塔世橋を渡って津の城下へ入る。街道は、津城のお堀に突き当たってから堀沿いを東へ進み、恵日山《えにちさん》観音寺の大門（現大門町《だいもんちょう》）にいたる。ここの観音様は、和銅年間に安濃浦《あのうら》で漁師の網にかかり引き上げられたというから、白子の白衣観音と同じ伝承である。古伝では石仏とも伝える。中世に栄えた安濃津で、早くから信仰の中心的位置を占めていたとされる。浅草観音や大須観音に並び称される津観音ゆえ、おそらく文左衛門一行も参拝したと思うが、日記には出てこない。

「伊勢は津でもつ　津は伊勢でもつ」の歌で名高い津の町は、古代から中世は「安濃津《あのつ》」と呼ばれたが、近世には「津」の一字だけになる。全国に「何々津」と呼ばれる土地は数知れずあるが、ただ「津」とだけ称して威張っているのは、三重県の県庁所在地「津市」くらいのものだ。そういえば伊勢神宮も単に「神宮」が正式呼称で、地名の冠りなど不要である。名古屋

明治31年地形図に見る塔世橋周辺

人としては「熱田神宮はどうだ」と言いたくなるが、江戸時代までは熱田社で、神宮と呼ぶのは明治以降である。

「津」の近世は、慶長一三年（一六〇八）の藤堂和泉守高虎《とうどういずみのかみたかとら》（一五五六〜一六三〇）の伊勢（伊賀）入国によってはじまる。藤堂高虎について横山高治氏は、「高虎は戦国の名将であると同時に、戦略家であり、築城家であり、また天才的な経世家であった」と述べられている（『伊勢の津歴史散歩』）。

近江浅井家を振出しに阿閉《あつじ》貞秀（元浅井家武将、のち信長側に）、磯野員昌《かずまさ》（高島郡小川城主、浅井からのち信長側へ）から豊臣秀長、そして最後に家康と、主君を何人も替えたことへの「日和見武将」の評価がついて回る。しかし「忠臣は二君に見《まみ》えず」と、意地を貫いて散っていく武士も魅力だが、一方、乱世の時代「一人前の武士は七度主人を替える」と平然と言ってのける武将がいても良い。生涯に一五とも、二三ともいわれる「城づくり」を手掛け、京都南禅寺の楼門、日光東照宮を建設し、江戸に「（伊賀）上野」の名を残し、池を掘って「不忍池」と命名した。戦国の混乱は、こうした天才をも生んだのだろう。津城の再建も、彼の手によるものであった。

津城は北を西流する安濃川、南を流れる岩田川を自然の要害とし、両川の三角州上に天正八年（一五八〇）に築城された。信長の伊勢侵攻の拠点として、弟の信包《のぶかね》が築いた城である。関ヶ原の戦いの折、ときの津城主が東軍に就いたため、毛利、吉川など三万の西軍に包囲され大破したが、その城を新たに入国した藤堂高虎が大規模に修築した。先の戦《いくさ》で失われた天守閣は天守台のみの修築にとどめ、代わりに北側の石垣を高く積み直し、その両翼に三重の隅櫓《すみやぐら》を造るなど独自の工夫を施している。しかし彼の築城家としての真骨頂は、海岸寄りを通っていた伊勢参宮街道を、城下に引き入れたことだろう。これで城下町が一挙に「繁華な街並み」へと変貌した。東海道から伊勢街道へ入った参詣者は、必ずここを通る。

わが朝日文左衛門氏もこの城下を通ったに違いないが、城下に入る手前の四天王寺の茶屋街で「蚫《あわび》を求め、煮て食す。甚《はなは》だ美なり。酒を快く飲」んで、ご機嫌になり、城下を「意気揚々として歩行」したため日記には何も記載されず、次の「垂水村《たるみ》」へ至っている。

津の城下を抜けると、右手に緑の丘、左手の海側に潟《かた》の地形がつづく。丘は大半が開発され〈南が丘団地〉となっている。近鉄線にも同名の駅ができた。その丘陵の北側、岩田池に近い辺りが千歳山《ちとせやま》で、川喜田半泥子が文化活動の拠点としたところ（93ページコラム参照）、丘を東側へ進むと海を見下ろして「池の谷古墳」が立地する。

以前「伊勢平氏と安濃津《あのつ》」のテーマで解説記事を書く必要があって、南ヶ丘と周辺一帯を歩き回った。「安濃津」は、中世に福岡県の博多津、鹿児島県の坊津《ぼうのつ》（或いは大阪府難波津《なにわつ》）とともに日本三津《さんしん》（港）として栄えたが、明応四年（一四九八）の地震による大津波で壊滅的な打撃を受けた。東北の各港はいま未曽有《みぞう》の津波被害から立ち直りつつあるが、安濃津は、津波ののち再びよみがえることはなく、歴史から忘れ去られた。

しかしわずかにではあるが、いまにその面影を伝えるものがある。ひとつは「池の谷古墳」（全長九〇メートル、後円部径五〇メートル、高さ五メートル、前方部幅二八メートル）、もうひとつは古墳から見下ろす藤方《ふじかた》の集落だ。藤方は「藤潟《ふじかた》」が古く（『伊勢参宮名所図会』は藤潟）、岩田川河口から現藤方あたりまで長い砂嘴《さし》が延び、大きな入江をつくっていたらしい。古墳は中世に砦が造られてかなり変形しているが、それでも立地や墳形から古いタイプが読み取れ、採取した埴輪から四世紀末〜五世紀初頭の築造と推定されている。つまり四世紀代の終り、潟《かた》を拠点とした交易によって、この地に古墳を築くほどの大きな勢力が生まれた、ということだ。中世「安濃津」の方は痕跡すら失われたが、それよりずっと古い「潟」地形と、それを見下ろす古墳が、かつての湊の繁栄をわずかに伝えている。

池の谷古墳前方部の先にある東雲寺《とううんじ》駐車場から急斜面を本堂の方へ降りていくと、九十九折《つづらお》りの小径《こみち》を利用した美しい庭園が広がる。四月半ばでサクラが終ったばかりだが、山ツツジがすでに満開に近かった。山門を出て道なりに丘陵を下ると垂水地区、そこに垂水山《たるみさん》成就寺《じょうじゅじ》があり、文左衛門一行がここを訪れている。

津の城下から垂水までの間には、もうひとつ枝垂《しだ》れ梅で知られる結城神社と隣接する津八幡宮がある。『名所図会』は結城神社の梅を載せていないが、八幡宮については「むかし安濃津の町に小さな八幡宮があった。これは寛永九年（一六三二）に津城主がこの地に新設したもので、毎年八月一五日に、盛大な祭礼が営まれるようになった。この八幡社の後ろにある小祠が結城《ゆうき》宗広《むねひろ》の古墳で、『太平記』に彼の戦死のことが出ている」と記している。

結城宗広は余り知られてない武将だが、後醍醐天皇の命に応じてふるさとの白河（福島県）で挙兵、鎌倉攻めや尊氏の追討に功があったが、再度の尊氏との戦に敗れ故郷をめざす途中、伊勢で病死したという。

枝垂れ梅の庭園を歩くと、庭の片隅に結城宗広の墓があり、それなりに表示もされているが、梅が目当ての観光客の目には、ほとんどとまらないようだ。

結城神社の社殿は、文政六年（一八二三）の造営で、その名のとおり祭神は結城宗広である。江戸後期に結城神社が建てられた経緯は不明だが、本来小さな結城氏の菩提所だった地を取り込んで、まず大きな八幡宮が所在し、のちに結城氏を祀る社が新設され、そこが梅園として有名になったのだろう。

垂水山成就寺

文左衛門たちが訪れた成就寺（日記では成鷲寺、真言宗醍醐派）は、『名所図会』に「長法寺ともいう。垂水にあり。本尊大日如来。むかしは伽藍なり。白河法皇伊勢御幸の時三百貫文の寺領を寄付したまう。元亀（一五七〇〜七三）の兵火にかかり退転せり。いまはいささかの小堂のみ」とある。

『三重県の地名』は、寺領寄付の理由を「当地から湧出した香水を白河法皇に献上したところ病気が治ったため」としている。戦国期に焼失した後は「小堂」の再建にとどまったようで、文左衛門が清冷な水をご馳走になり親しくなった話にも、わざわざ「堂守」と記している。水に纏わる話が多く、千歳山からつづく丘陵の東麓であれば、当然湧水があり、「垂水」という地名もそこから生じたのであろう。

成就寺は、参宮街道の垂水交差点を山の手へ折れ、日記の記載どおり「坂を上がる事三十歩余」のところにある。いまは堂守もいない無住の寺で、区民により管理されている。『名所図会』には面白い話が紹介され、その様子を描いた絵が載っている。

○むかし西行法師が成就寺へ参られたとき、小童がかたわらの木にかけ上ったのを見て、「さる児《ちご》と　みるより早く　木に登る」と口ずさんだところ、小童が「犬のようなる　法師来たれば」と下句を付けた。西行は不思議な思いにうたれた。

よくできた話である。いまも本堂の前の桜樹の傍《かたわ》らに、〈さる稚児《ちご》桜《ざくら》〉と題した説明板が立っている。いつ頃から伝わる話であろうか、日記は何も記していない。それよりも日記は「山上七、八町行けば清水ありと云々」と記す。清水不動院のことだろうか。成就寺の横の坂

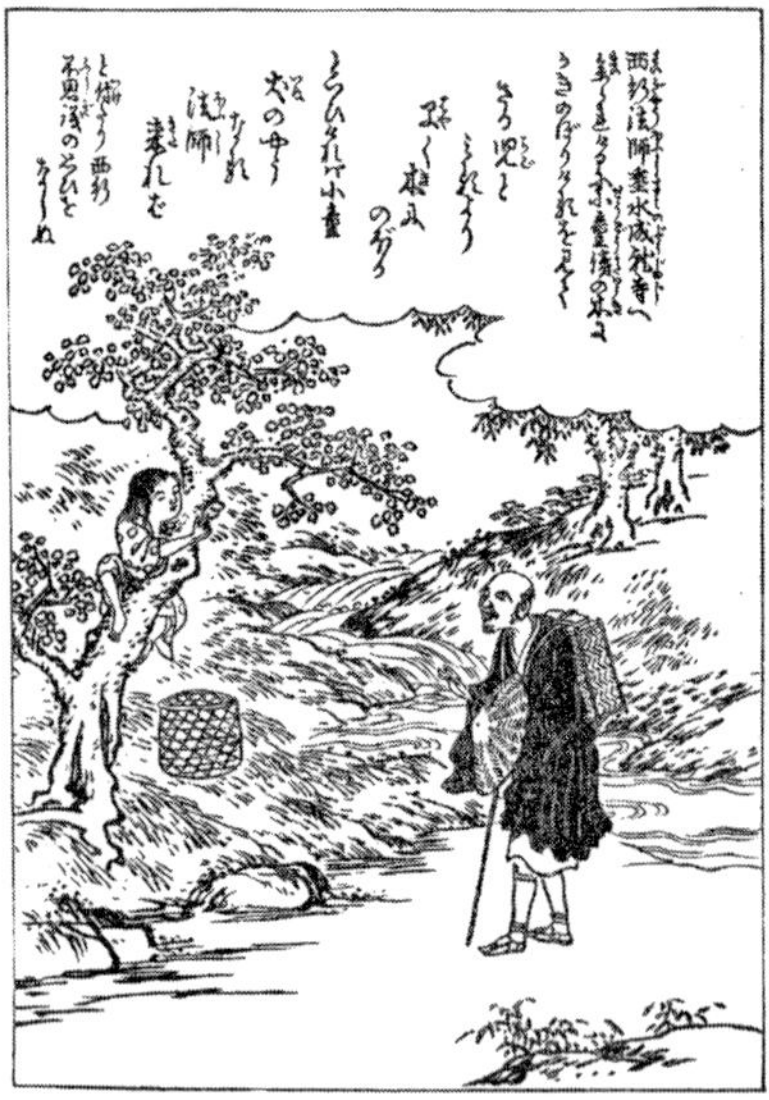

小菅と西行　『伊勢参宮名所図会』巻３

道を上り、県道一一四号を横切ってすぐの左側に小祠があって、鳥居には〈清水不動明王〉の額がかかっている。そこから斜めに下る小径があり、集会場のような建物を過ぎると奥に小さな祠があった。成就寺から約六〇〇メートル、「山上七、八町」の表現に該当するように思うが、まだ確かめていない。

雲出川

垂水からさき、藤方、小森上野、高茶屋《たかじゃや》の集落が連なり、やがて雲出川《くもずがわ》左岸の島貫《しまぬき》へいたる。この間日記に格別の記述はない。

雲出川は三重県内有数の大河で、北勢、南勢の分界点にもなっている。近世に至っても架橋はされず、対岸の小野古江《おのふるえ》（現、三雲町《みくもちょう》小野江《おのえ》）との間は渡し船で結ばれていた。小野江は、明治七年に須川（現、西小野江）と森村（現、東小野江）が合併して小野江村となった。

この村の「八王子社」は明治四一年に村内六社を合祀して「小野江神社」となり、応永八年（一四〇一）に勧請された牛頭天王もいったん小野江神社に合祀されたが、昭和二六年に須賀神社として分離独立している。須川・森の両村は、合併以前から川渡しをめぐって確執があり、度会県からの合併指示に渋々従ったものの、呼称については旧村名をミックスした〈森川〉や〈森須〉で折り合いがつかず、ついに中世以来紀行文などにしばしば登場する〈小野の古江渡し〉から〈小野江〉が採られたという（『三雲町誌』）。

文左衛門もこの小野古江を渡っているはずだが、興味を惹くものがなかったと見え、何も記していない。村内を伊勢参宮街道が通り、宿屋も数軒あった。

「渡し」があった雲出川右岸の土手から集落を眺めると、ほぼ南に一直線の街道が走り、道に面した両側に宿場ふうな家並が見られる。その街道に面した家並のなかに、松浦武四郎の生家がある。松浦武四郎は文政元年（一八一八）、紀州藩の地士《じし》で代々村の庄屋を務める家柄に生まれた。地士という聞きなれない呼称は、紀州藩主徳川頼宣が入封後間もない元和七年、郷村に土着していた有力者六〇名を召し出し新たに与えた身分名である。

武四郎の父桂祐は「小野古江釣人」などの雅号をもつ文化人であった。武四郎が一三歳になった文政一三年（天保元年〈一八三〇〉）、目の前の参宮街道を「お蔭参り」の大群衆が通った。このとき彼もまた二度ほど伊勢参りをしている。のちに蝦夷地を数回探検し富士山へ登るなど、未

雲出川　『伊勢参宮名所図会』巻 3

知の世界を怖れることなく歩む生き方は、若年時の体験が大きく影響しているように思われる。明治二年「蝦夷地開拓御用」の判官《じょうかん》に任じられた武四郎は、蝦夷地の呼称について意見を求められ、アイヌ世界で使われていた「地元」を指すことば「カイノー」をもとに、「北海道(北加伊道を変更)」を提案、正式名称として採用された。

この須川(現、小野江)の西隣が甚目《はだめ》村である。甚目といえば尾張の甚目《はだめ》氏や甚目寺《じもくじ》を連想する。事実一志郡《いちしぐん》の甚目が洪水に襲われ、流出した観音像が尾張の海岸で拾われて、甚目寺に祀られたという伝承もある。

この二つの「甚目」について、かつて考古学者の八賀《はちが》晋《すすむ》氏が「第一四回春日井シンポジウム」で、「甚目龍麻呂《たつまろ》が(海中から拾い)甚目寺にまつった仏像が、伊勢一志郡小野江甚目《はだめ》にあったとする伝承や、現存する伊勢の甚目の地などを考えると、伊勢湾の処々に甚目、つまり海人を生業《なりわい》とする人々の存在がみえてくる」と述べられ、「甚目氏は伊勢湾岸に活躍した海人で湾岸各処に拠点をもち、寺院を造るだけの財力のある有力豪族」と解説された。仏教の公伝から一世紀余りのちの「白鳳《はくほう》時代(七世紀後半)」の話である。

伊勢参宮街道は、この先の月本《つきもと》(現、中林《なかばやし》)の追分で大和街道と合《がっ》する。そのまま進むと、三渡川《みわたりがわ》(潮合いに応じ渡河地点が三か所に分かれたとされる)を渡ったところの三渡村、いわゆる六軒茶屋にいたる。月本と同様、六軒茶屋もまた大和方面への分岐点で、両者の茶店は互いに張り合ったという。松坂までは残り一里である。

松坂（現、松阪）

天正一二年（一五八四）、蒲生氏郷《がもううじさと》は秀吉の命により、近江蒲生郡日野《ひの》から三渡川《みわたりがわ》河口の松ヶ島（現、松阪市松ヶ島町）へ移った。しかし天下が統一されるにしたがい、城には軍事的な意味より城下町形成の核としての役割が求められていた。そのため天正一六年（一五八八）、〈四五百《よいほ》の森〉に新城および城下町の建設を行って、町人たちすべてを新しい城下に引っ越させた。つくり終えて間もない天正一八年、氏郷は今度は会津に転封させられ、秀次の家臣服部一忠、さらに古田重勝、同重治と短期間に交替があって、元和五年（一六一九）以降は和歌山藩（紀州藩）に属した。

紀州藩はこの松坂に城代のみを置いたので、以後商業都市として発展することになる。享保ころの記録では、侍屋敷八〇戸（殿町《とのまち》）に対し町屋二三〇〇戸だったという。のちに町人たちの住む本町《ほんまち》から三井家が、魚町《うおまち》から本居宣長が誕生することになる。伊勢参宮街道の松坂への入口が坂内川《さかないがわ》（いま阪内川）に架かる松坂大橋で、『名所図会』は流量の少ない坂内川と松坂大橋（「まつざか」とルビ）、さらに対岸右手の四五百の森（松坂城）をうまいバランスで描いている。宣長は坂内川を「川水少なく、潮もささねば舟かよわず」と記している（『玉勝間』）。

文左衛門の『日記』は松坂までをとばしており、この松坂についてもとくに触れていない。この箇所を再録すると「松坂より新茶坊まで駕籠に乗る（百六十文）。この駕籠、山田へ帰ると云々。小俣へなお乗るべしと請うゆえ、四十五文にて又小俣まで乗る」と、駕籠代ばかり心配している。松坂で雇った駕籠が伊勢方面への帰りの空駕籠で、「旦那、安くしときます」の

坂内川にかかる松坂大橋　『伊勢参宮名所図会』巻3

誘いにのって、松坂から新茶坊までの予定を、宿泊地の小俣まで乗った、ということである。文左衛門はさも「得をした」ように書いているが、どの程度の「得」だったのか検証してみよう。

○松坂～（六キロ）～櫛田（漕代）～（六キロ）～新茶房（新茶屋）～（四キロ）～小俣

松坂から櫛田川左岸の櫛田まで一里半（六キロ）、櫛田川右岸の漕代から新茶坊までやはり一里半（六キロ）、新茶坊から宿泊地小俣まで一里（四キロ）の距離である。

新茶坊は新茶屋村（現、多気郡明和町新茶屋）のことで、参詣者相手の旅籠や茶屋が多く「明星《みょうじょう》新茶屋」と呼ばれていた。このあたり参宮街道に近鉄山田線が併走するが、近鉄明星駅と明野《あけの》駅のほぼ中間が新茶屋になる。

当初松坂～新茶屋を一六〇文の約束、つまり一二キロで一六〇文、一キロあたり一三文である。次の新茶屋〜小俣間の四キロを四五文にサービスして貰ったから、一キロあたり一一文、本来五二文かかるところを四五文で行けたわけで、今のお金で一七五円の割引になったということ、とりたてて自慢するほどのことではない。それより計一六キロの距離を五千円余りの金で担いで運ぶことに、むしろ凄さを感じる。

外宮に参拝後高倉山に登る

◎（同廿三日）快晴。朝行《ぎょう》水《ずい》いたし、卯《う》半《はん》過ぎ宿を発し、外宮の前の町屋にて上下を着し、外宮を謹んで奉拝。それより岩屋へ行き茶屋より見おろせば、山田中《じゅう》は勿論、遠山・雲海・悉く見ゆ。内宮を謹んで奉拝、終わりて巳半ころ十文字造酒進処へ行き、昼飯を給《た》ぶ。生《なま》鰹《がつお》のさしみ甚《はなは》だ美にして腹に充《み》つ。酒食快く給《た》ぶ。昼少し過ぎに、十文字大夫添人にて芝居を見る。第一番の狂言、半ば過ぎたる時なり…（中略）

十文字より弁当来る。酒食適心、甚楽甚悦、暮に帰る。夜食出、甚尽美、一々不記之。貝焼あわびさしみ（生カツオ・サメカツオ）鯛焼物・に物・あえ物・二汁鯛、酒肴島えび等。夜、おこし米売来り求之。近所の小万物売もよび、求之。妙見町よりはかいもの甚不自由也。

朝五時過ぎに小俣《おばた》の宿を発ち、宮川を渡って三〇町（三・三キロ）ほど、外宮《げくう》前に到着した。御師《おんし》十文字大夫の手代の案内で一室を借り、裃《かみしも》に改めて外宮を参拝。それから高倉山《たかくらやま》に登り、頂上の天《あまの》岩戸《いわと》に詣《もう》で、頂上の茶屋から山田のまち全体、さらにその向こうの伊勢の海を眺め

高倉山　『伊勢参宮名所図会』巻４

ながら、一休みした。

〈高倉山〉は『名所図会』に「岩戸の山なり。上ること八町（八八〇メートル）、外宮の南にあり。古記に十二か所の窟《いわや》ありしかども、いまに二、三か所の岩屋あるのみ」と記され、さらに〈岩戸〉について「高倉山の上にあり。傍らに茶屋あり。甚だ美景なり。或る書に、天岩戸は大石をたゝみあげて、人力のなす所にあらずといえり」と記されている。興味を引くのは他書からの引用として、〈高倉山の十二個の石室は穴居時代の石窟《せっくつ》で、今は土に埋もれて二、三個が残る〉と記している点である。墓とは明瞭に意識されていないが、古い時代の遺跡と捉えている。連想されるのは、後期古墳の横穴式石室である。

　山頂にはいまも六世紀中葉の高倉山古墳（径三二メートル、高さ八メートル）が現存しており、石室は全長一八・五メートルと長大で、玄室規模（長さ九・七メートル、幅二・六メートル）は全国一という。高さも三・三メートルあり、昭和五〇年の調査では須恵器、土師器のほか、馬具、三輪玉、切子玉、ガラス小玉、管玉、臼玉が出土している。石室入口が何時の頃からか開口し、床上にある程度の土が積もったままになっていたのだろう。しかしこれをそのまま「天岩屋」に模したかというと、いささか疑問もある。

金森敦子氏は、ある日記史料から当時の岩屋戸を「洞穴は相当広く、奥へ三丁ばかり行くと玉の御簾が下がり、その向こうに天照大神が祀られている。石室の中は多くの燈明がともされ、昼間のように明るい」と紹介されている（『伊勢詣と江戸の旅』）。入口から三丁も奥行きのある横穴式石室は、存在しない。おそらく勿体をつけ、石室羨道の手前に長い通路を拵えたのであろう。それにしても三丁（三〇〇メートル以上）は大袈裟すぎる。ひょっとすると古代税法上の布の単位、一〇尺のことか。それなら三〇尺（九メートル）となり、具合がいい。

外宮から内宮へ向かう

頂上の岩戸と茶屋と素晴らしい眺めに満足し、文左衛門たちは下山して内宮に向かう。外宮から内宮へは、古市《ふるいち》を経由するルートが一般的で、勢田《せた》川（御贄《おむべ》川とも）に架かる小田橋《おだのはし》を渡り、やがて坂を上る。小田橋は、欄干の左側（内宮方向に向かって）にもう一つ幅狭《はばせま》の橋があり、これを仮屋《かりや》橋と呼んだ。「触穢《しょくえ》の者」つまり家族の忌《いみ》のとき（女性のお産や月水《げっすい》などの）渡る橋とされたのである。仮屋は、伊勢で女性の月経小屋を「仮屋」と呼ぶことからついた名という。いまの小田橋はコンクリート製で、むろん普通の橋と変わらない。

橋を渡って尾部坂《おべ》（尾上坂《おのえ》とも）へさしかかる。外宮と内宮の間には標高五〇メートルほどの丘があり、ここを越えなければならない。山田側が〈尾部坂〉、内宮側が〈牛谷坂《うしたに》〉、この間の台地が〈間《あい》の山〉だが、いつしか両坂を含め〈間の山〉と呼ぶようになった。この〈間の山〉にあるのが有名な古市の遊廓街で、江戸の吉原、京都の島原に並び称され、江戸期後半には古市の「妓楼七十軒、遊女千人」と称された。

日記末尾の一節「妙見町よりは……」から推して、御師十大夫の邸宅は、小田橋から尾部坂までの妙見町にあったらしい。要するに古市遊廓街の手前である。内宮参拝を急いで、十大夫の家も古市の街も素通りした。ようやく参拝を済ませ、ほっとして近くの十文字と契約した茶屋で、鰹の刺身を肴に美酒を汲んだ。一〇時頃だろう。二時間ほどゆっくりして、いよいよ午後の部、好きな芝居見物へ出かける。むろんこれも御師の手配済みで、手代が案内してくれる。場所は先の「間の山」の古市であろうか。

日記にはこのあと芝居の演目と内容が記され、さらに役者名と役どころが詳細に記されているが、略す。そのうち十文字大夫からの弁当が届き、中身を見て大いに満足した。暮れに宿に帰ってからの夜食がまた豪勢で、「一々記さず」としながら嬉しそうに記している。夜になって「物売り」を呼び、土産物などを買ったが、妙見町は買物に出るには不便な所だ、とこぼしている。ここは明治初年に廃仏政策のあおりで尾上町と改名し、今はない。文献によると江戸時代を通じ一五〇軒ほどの人家があり、うち一三軒は御師の家だったという。外宮と内宮のちょうど中間に位置し、遊郭の古市に近い。しかし日記を見る限り、文左衛門たちはまったく夜遊びをしていない。翌日に「立柱祭《りっちゅうさい》」が控えており、まだ「精進落とし」とはいかなかったようである。

立柱祭に臨む

◎（同廿四日）快晴。辰刻《たつのこく》、内宮御正殿御柱立《おんはしらだて》。予が輩、行きて奉拝、まことに千歳の奇遇なり。同日、外宮、申刻御柱立なり。これは行き得ず。御柱立を拝し奉り、帰りて朝飯を喫す。生鰹のさしみ・鯛の焼物・に物（あわび、氷とうふ）・鱠等、肴種々、酒甚だ闌なり。お祓いを申請、十二灯指し置く。

兼ねての約束一人前二百文宛と云々。上下九人（上三人下六人）定めの通り二百文宛、人数のごとくあつめ、その上を三人して一両に足し、小判一両、今早朝に大夫へ遣わす。甚だ満足と云々。昨日より給仕の家来その外料理人、又は芝居へ行きたるかれこれ五人に五百文、一両の外にち遣わす（一人前百づつ）。

二四日は、いよいよ内宮正殿の立柱祭である。早朝六時半から執り行われるということで、文左衛門たちもいささか改まって内宮へ出かけた。外宮の正殿の立柱祭も同じ日だが、午後六時過ぎの開始のため行けない。立柱祭を拝見したのち、御師宅へ戻り朝食をたべている。鰹の刺身、鯛の塩焼き、アワビと高野豆腐の煮物など、とても朝食とは思われない。

式年遷宮は、『大神宮諸雑事記《しょぞうじき》』の「朱雀《すざく》三年の宣」（朱雀を朱鳥の異称とする）によると、持統天皇二年（六八八）に定められ、その二年後に第一回の遷宮が行われたとされる。

「廿年に一度遷御せしめ奉るべし。立てて長例と為すなり」（『大神宮諸雑事記』）

というのが〈式年〉の根拠で、古義では一九年目の遷宮で、持統四年（六九〇）に造営され、次の遷宮は和銅二年（七〇九）であった。

江戸時代になると二一年の式年、つまり満二〇年目の遷宮になり、今も江戸の例を引き継いでいる。では古代から現代まで〈式年〉遷宮がきちんと守られて来たかというと、決してそうではない。とくに室町の戦乱期には、後花園天皇（在位一四二八〜六四）の第四〇回（寛正三年〈一四六二〉）以降一二〇年以上途絶している。

外宮《げくう》の場合永享《えいきょう》六年（一四三四）の次は正親町《おおぎまち》天皇の永禄六年（一五六三）年、実に一三〇年ぶりの遷宮であり、内宮《ないくう》は天正一三年（一五八五）に一二四年ぶりの遷宮が実現している。江戸時代に入るとさすがに秩序が回復し、慶長一四年（一六〇九）の第四二回以降、嘉永二年（一八四九）の第五四回まで、見事に式年が守られている。朝日文左衛門が参宮したのは宝永六年（一七〇九）の式年で、造営祭儀のうち本建築の開始となる〈立柱祭〉に参列できたのである。

この〈立柱祭〉の概要を『お伊勢さんの遷宮』（伊勢志摩編集室発行・平成五年）を参考に要約しておく。（第六一回・平成五年一〇月の造営祭儀）。

まず開始が午前一〇時で、江戸時代よりかなり遅い。現正殿に隣接する新しい神殿敷地に小《こ》工《だくみ》（宮大工）、神職ら一〇〇人が勢揃いし、

①神職が建物の守り神である〈屋船大神《やふねおおかみ》〉に神饌を供える。

②「大宮柱の堅固で動くことなく守りたまえ……」といった祝詞《のりと》が奏上される。
③素襖《すおう》（下級武士用の裏を付けない直垂《ひたたれ》）に烏帽子《えぼし》姿の小工八人が木槌を持ち、建物の覆い屋の中に進み、一〇本の柱の足堅《あしがため》（床下の横木）と貫《ぬき》（床上の横木）の木口をそれぞれ三回ずつ打ち固める。

この御正殿の宮柱を槌で打ち、固定する儀式を拝したあと、御師宅へ帰り、いよいよ出立することになるが、このとき文左衛門の一行は、合計一両を十文字大夫に納めている。給仕や料理人、芝居見物への案内人らは別に一〇〇文ずつ渡しているが、全体に安い感じがする。

当時の一般の参宮例を示すと、まず地元で〈伊勢講〉を組織し、加入者が毎月積み立てを行い、ある程度金額がまとまった時点でクジを引き、当たった数人が右代表で代参し、御師の家に泊まって神楽を奉納する（奉納金）。以後、滞在中は連日の御馳走、見物には手代の案内・駕籠つき、帰りには講メンバーへ配る御札や、携帯用徳利に入ったお酒、弁当を貰って出立する。そして帰国後また次の積み立てがはじまり、代参が選ばれ、講の全員が参詣するまで繰り返される。見事な再生産システムである。これは遠いむかしのことではなく、今も代参システムがつづいている地域は多い。

文左衛門の日記にある「お祓いを申請」が、「お神楽奉納《かぐらほうのう》」と同じものか不明だが、正式のお神楽奉納であれば、御師宅《おんしたく》の大広間に装飾豊かな神楽殿を設《しつら》え、数十人の楽人と舞手が勢ぞろいして最初に御祈祷を行い、次にお神楽がはじまる。そのあと願文が読み上げられ、およそ四時間の次第が終る。問題はこの神楽の奉納金で、江戸後期の例では三〇両～五〇両がザラだったらしい。むろん富裕なグループだけではなく、なかには東北の貧村が奉納した例などもある（金森敦子『伊勢詣と江戸の旅』）。

同書が例示する正徳二年（一七一二）の記録に「神楽・御供料《ごくりょう》・神馬料《じんめ》の合計一両、これを一両三役という」とあり、これが宝永・正徳ころの奉納に共通したものであれば、とくに文左衛門たちがケチだったわけではない。日記でも「十文字大夫も満足気だった」と記している。つまり文左衛門らが申請した「お祓い」は、仰々しい御神楽を伴うものではなく、前段階の「ご祈祷」だけだったのだろう。出立時刻からみても、四時間かかる「お神楽奉納」は無理である。

二見へ向かう

○巳刻《みのこく》発し二見《ふたみ》へ行く。太夫より案内者一人に弁当持たせ遣わす（この案内者にも百文遣わす）。二見へ至れば絶景中々、兼ねて聞きしは万が一ならず、雲海沈々として扶揺万里眼境無塵。巨石の巉岸たる伏虎湧於貝宮、横波の光沢なる、神竜下りて銀河を敷く、浪の寄る間に千貝を拾い潮に浴し、岩上にて行厨をひらき、酒肴甚だ富み、甚だ楽しむ。塩合の渡しを越えて一軒茶屋より案内の者に別れ、直に川崎へかかり、小俣へ出る。新茶坊にて薄暮に及び、櫛田にて夜に入る。ここにて天目酒一盃給し、松坂に至り宿す。予、甚だくたびれる。友平と森蔵と駄荷は、内宮より直に松坂へ遣わし、宿を取り置かす。道中、瀬左は大方のりかけにのる故、同道大方あたわず。或いは駕籠にも時々のる。但し内宮より二見、それより小俣までは、瀬左も歩す。

朝食を済ませ、午前九時すぎに御師十文字大夫のもとを発って、二見浦に向かった。大夫の手代が弁当を持ち、現地まで案内してくれる。とくに立石《たていし》（夫婦岩《めおといわ》）辺りの景観は文左衛門をいたく感動させたらしく、例によって大袈裟な漢文調の美辞麗句を連ねている。一字ずつ見ていけば意味をたどれるが、時折「巉岝」などの字に出くわして迷惑である。「ザンサク」とでも読むのだろうか、ともに山がゴツゴツ険しい様を表す字である。

立石で腹拵《はらごしら》えをしたあと、西行して五十鈴《いすず》川河口近くの「塩合《しおあい》（汐合）の渡し」を渡り、二見街道（現、県道一〇二号）をさらに西に進んで、勢田川沿いの二軒茶屋にいたる。日記に一軒茶屋とあるのは、書き違えであろう。ここで御師の手代と別れ、神久《じんきゅう》から中橋を渡って河崎へ出る。河崎から問屋の町並みを南へ下り、山田奉行所の近くを通って参宮街道へ出、あとは宮川の桜の渡しを越えて小俣《おばた》へ至る。往きはここで泊まったが、今回は荷駄に友平と森蔵をつけて先行させ、松坂で宿の予約をさせている。だから四里（一六キロ）先の松坂まで、どうしても今日中に着かねばならぬ。

旅の終わりへ

一里先の新茶屋に着いたのが「薄暮《はくぼ》のころ」とある。名古屋の六月一〇日の「日の入り」は七時六分だから、七時半頃に新茶屋を通り、次の櫛田に着くと天目茶碗で冷や酒を一杯あおり、松坂へ到着したのはおそらく夜の一〇時過ぎだろう。皆さすがに疲れきっていて、石川瀬左衛門などは、小俣からほとんど駕籠に乗っている。

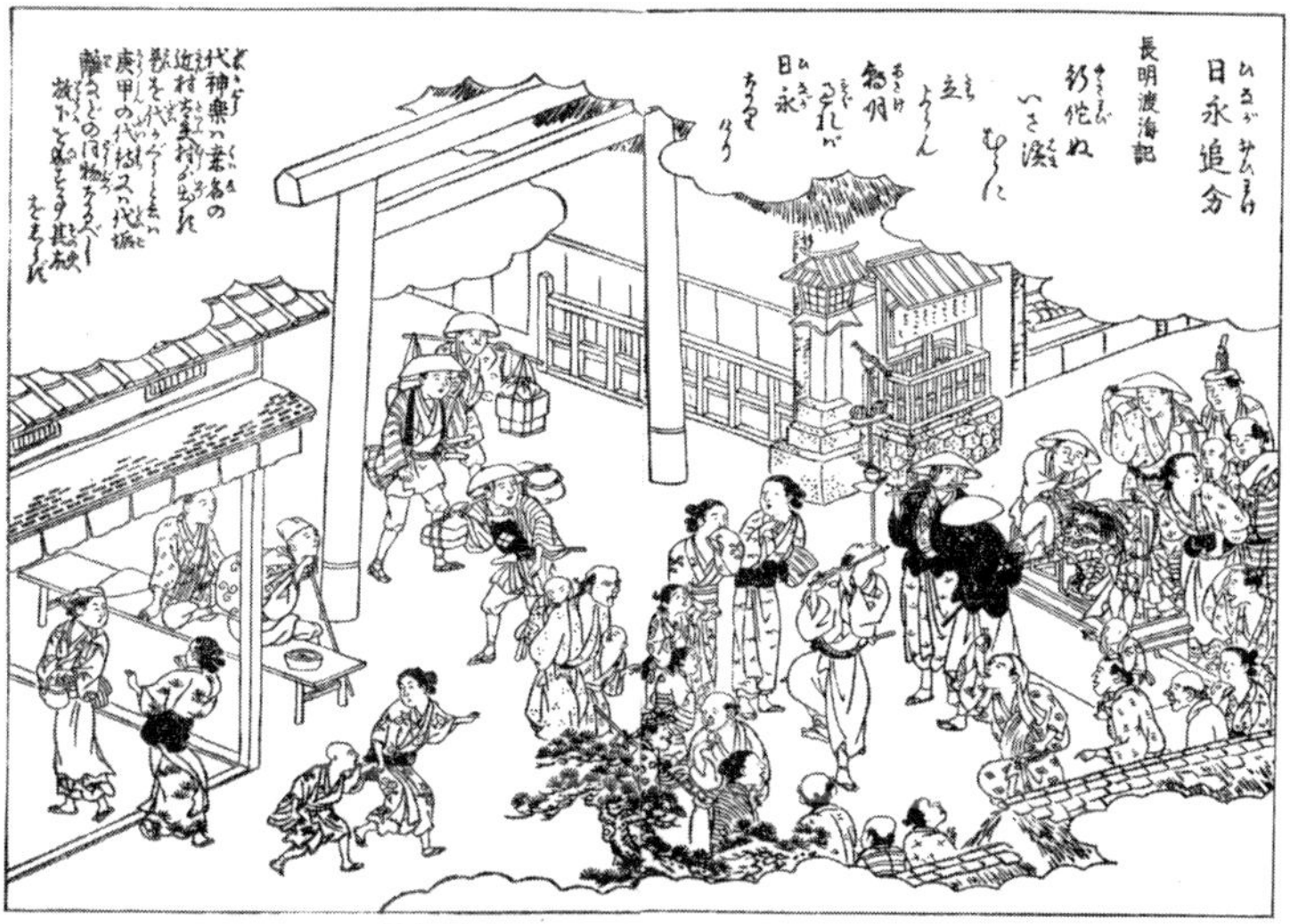

日永追分　『伊勢参宮名所図会』巻3

○（同廿五日）快晴。卯過ぎ宿を発す。予、足痛、くたびれけれども強いて上野まで歩す。津とうせ茶やにてあゆの焼物にて酒食等給ぶ。上野へ至れば、神倦体労れて中々一歩も進めがたし。これによって神戸まで百八十にて駕籠に乗る。神戸より歩す。足なお痛めり。半里ほど行きて天目酒一つ給ぶ。追分にて五文餅二つ給ぶ。戌ころ四日市に至る。予くたびれること甚だしく、昨夜のは中々ものならず、大方匍匐するばかりに至れり。宿にて中々一歩も甚だ大儀なり。水風呂に入りしに、余りくたびれ、悪寒あり。而後、快然たり。瀬左百文にて酒を求め、八郎右と予および下々に呑ましむ。

相変わらず出立は早く、松坂宿を五時に出ている。高茶屋を過ぎ小森上野から藤方、さらに津の城下を歩き通し〈とうせ茶屋〉まで頑張った。出発から三里余り（一二キロ）になるだろう。大したものである。

茶屋ではアユの塩焼きで一杯やっている。これで切れかけていた油が補充され、白子一つ手前の上野（現、河芸《かわげ》町）まで歩いた。さすがにここらが限界で、あと神戸まで一八〇文で駕籠を雇った。本来なら神戸泊まりだが、もうひと踏ん張りし四日市に向かう。鈴鹿川も徒渡《かちわた》りができたかもしれない。ともかく岸辺の茶屋で茶碗酒一杯を補給し、一里先の日永追分の茶店で五文餅を二つ食べた。さらに一里先の四日市に着いたのが夜の九時、疲労困ぱい、這う様に部屋まで行き、水風呂に入った。石川瀬左衛門が酒を一〇〇文ほど求め、一行の者に振る舞ってくれた。

〇（同廿六日）快晴。卯半に宿を発す。昨夜より駕籠をやとい、桑名迄乗る（二百文）。桑名屋十蔵、今日の船を先日頼み置き候う処、熱田船を留め置くなり。十蔵ところに客あるゆえ、十蔵近親の処へ行き、昼飯給ぶ。瀬左また酒を求め、下々へ呑ましむ。巳半、船に乗る。船頭六人。熱田へ着して五百文取り候う処、いろいろ拝み乞うゆえ五十文増しとらす。帆開きにて十分にあげ、船すわり平座のごとし。未ころ熱田へ着く。茶屋にて八郎右と予と酒一升を求め、ともに給して下々へ喫せしむ。

五時過ぎに四日市を発ち、昨夜予約しておいた駕籠で桑名まで乗った。桑名屋十蔵（藩御用か？）のところで腹拵えをし、巳半（一〇時半頃）に船に乗った。船賃の値上げを交渉され、五〇〇文のところ五〇文の色をつけた。船は順調に進み未刻《ひつじのこく》ころ（午後二時半）熱田湊へ着いた（乗船四時間）。熱田の茶屋で酒一升を求め、召使たちにも振る舞った。「皆さんどうも

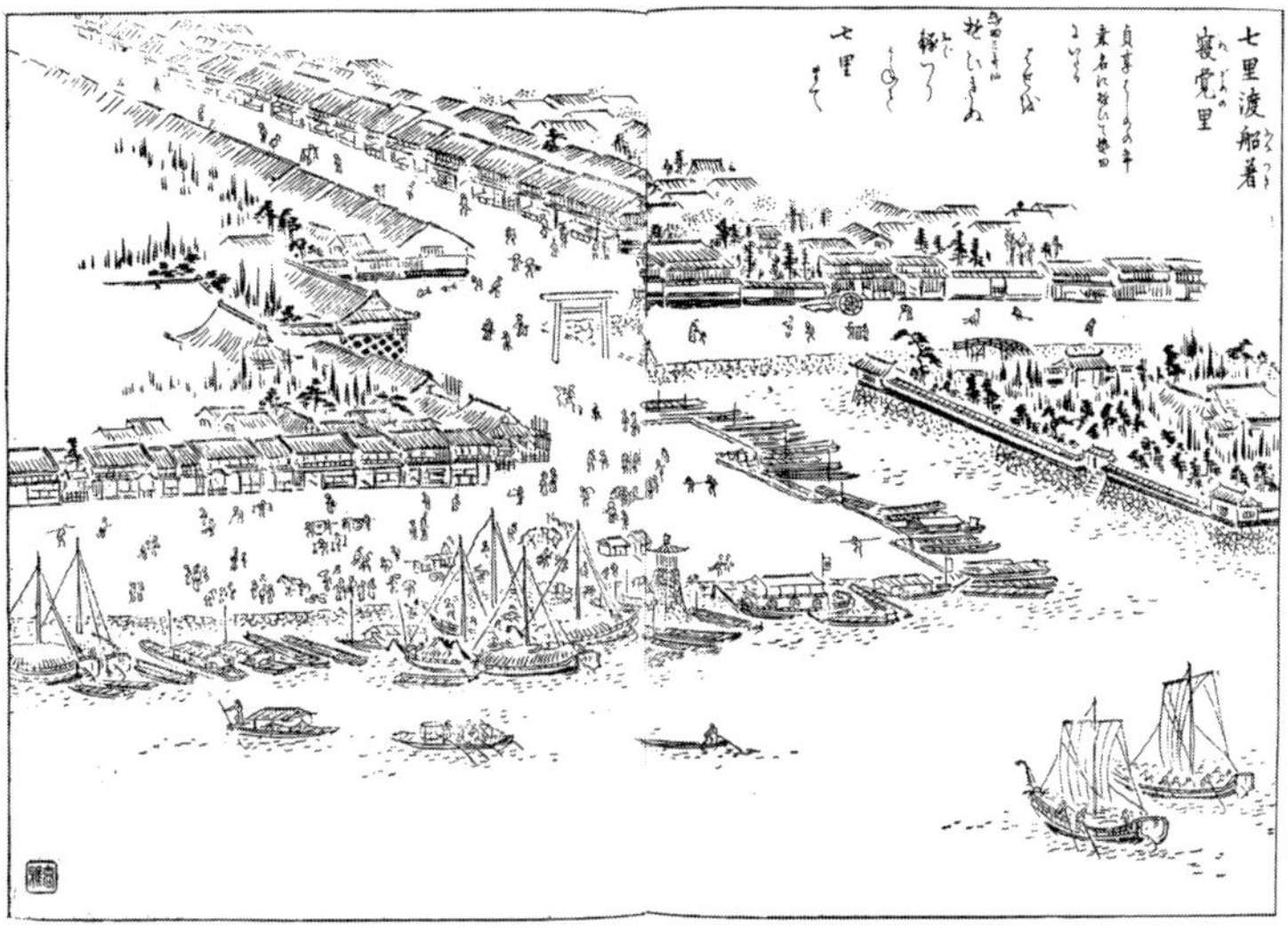

熱田の七里渡し　『尾張名所図会』巻4

ご苦労さんでした」というわけである。

御塩殿神社

日記の最後に「覚」の項があり、費用の内訳を細々《こまごま》と記して最後に「惣合一両二分と百五十文のつかい也」とある。一文を二五円で換算すると、［一五万円＋七万五千円＋三七五〇円＝二二万八七五〇円］ということになり、四月二〇日の夜に発し二六日に帰宅、五泊七日の旅で二三万円はやや高すぎる感じもするが、召使たちを引き連れ、御師《おんし》へのお祓い料を含めた金額であれば、まずは妥当なところか。

この「覚」の最後に「二見へ行き候うに御《み》塩殿《しおでん》を拝せず、口おし」と記されていて、せっかく二見まで行ったのに、御塩殿神社に寄らずに帰ってしまったことを残念がっている。

筆者もまた二年前の「御塩殿」訪問の失敗《しくじり》を

思い出した。筆者の場合は「御塩殿神社」の入口に辿り着きながら、裏手松林に「御塩焼所」「御塩汲入所」が在るのを知らずに帰って来たから、文左衛門の「口借し」どころではない。

帰宅後に伊勢の写真集を眺めていて、天地根元造り（茅葺《かやぶき》の切妻屋根が地面に届く造り）の住まいが松林の中に隠れるように在り、古墳時代の住居を連想させる写真には〈御塩焼所と御塩汲入所〉のキャプションが付されていた。「あの松林だったか」と悔やんでも、後の祭りである。

毎年一〇月五日の「御塩殿祭《みしおでんさい》」の季節になると、白衣をまとった総髪の老人が三角錐の型（素焼きの土器）に荒塩《あらじお》を詰めて、大きな「くど」の上に並べ、一昼夜置いてにがりを焼き切る。出来たのが三角錐の形をした堅塩《かたじお》で、年間に必要な三〇〇個を神宮に奉納する。この堅塩づくりはよく写真に撮られているが、塩を焼く白装束の老人がいかにも此の神社が祀る「塩《しお》土翁《つちのおきな》」を連想させて絵になる。

「御塩殿祭」までは待てないので、せめて建物だけでも写真にとっておきたいと思い、某日、再度の取材に出かけた。今度はツイテいた。文左衛門の口癖を借りるなら、「地元の元区長さんと知る人」となり、車で「御塩殿神社」とその裏手の「御塩焼所」「御塩汲入所」を案内していただき、例の三角の堅塩を焼く老人が神職の人ではなく地元奉仕者であることや、祭り当日の撮影の場所取りのコツなど、本には書いてないことを学んだ。

それだけではない。ずっと気になっていた「蘇民将来」をまつる松下神社まで連れて行ってもらった。二見の旅館街の玄関には、きまって「蘇民将来子孫家」と書いた木札の注連縄《しめなわ》が張ってある。その理由はこうだ。

北の国の「武搭《むとう》の神」が南の国へ求婚に出かけ、日が暮れたので将来兄弟の住む家の、まず裕福な弟の家を訪ねたが宿を断られた。次に兄の家を訪れると、貧しいながら快く迎えられ饗応された。数年後「武搭の神」は八人の子どもを連れて貧しい兄の家を訪れ、子孫は在宅しているか問うた。娘と妻がいるというと、茅《ち》の輪を腰に付けるよう告げた。その通りにすると、その夜、娘一人を残し、他はすべて滅ぼしてしまった。武搭神とは、スサノオノ神である。これは『備後国風土記』逸聞《いつぶん》が伝える話、これとそっくりな話が、この二見の松下地区に伝わっている。神は「牛頭天王《ごずてんのう》」と名を変え、富裕の家は「巨旦《こたん》」となっているが貧しい男は「蘇民」で同じである。だから「蘇民子孫」と書いて厄災を免れ、また茅の輪くぐりをして、厄から免れる。八人の子らは八王子神社に祀られ、牛頭神社やスサノオ神社と同じ仲間である。牛頭は後にスサノオに結びつけられるが、あきらかに日本神話とは別系統の話である。

京都の八坂神社は、明治以前は祇園社《ぎおんしゃ》と称し牛頭天王（スサリオ）を祀った。明治政府は異国の神の系譜にある牛頭信仰を嫌ったが、民衆の間に疫病神を祀ることで疫病を防ぐ祇園祭(御霊会《ごりょうえ》)の形で残った。津島神社も江戸時代は津島牛頭天王社であった。そして伊勢の松下社も江戸時代の名所図会には「蘇民将来社」とある。アマテラスを祀る最も正統な伊勢信仰のメッカに、なぜ牛頭信仰の松下神社が生き残れたのか。

「蘇民将来子孫家」の注連縄は松下神社の発行で、近くの売店でも買えるらしい。来年はこれを一つ購入して家の玄関に飾り、「牛頭信仰」の話でも書こうかと思う。これはこれで、お伊勢さんとは別の話になる。

おわりに

考古学者（同志社大学名誉教授）の森浩一氏が亡くなられた。平成二五年八月六日のことである。各紙は一斉に訃報を伝え氏の生前の業績を称えたが、大塚初重《はつしげ》氏の「考古学の語り部」「平成の語り部」という言葉が、とくに最近の森氏の仕事の本質を言い当てているように思った。講演のように「語る」だけでなく、『倭人伝を読み直す』（「西日本新聞」連載のち筑摩新書）や『敗者の古代史』（「歴史読本」連載のち中経出版より単行本）など一〇〇冊に及ぶ著書も、広い意味で「語り部」の仕事であった。ともすれば専門家の領域にとどまりがちであった考古学や古代史学をわかりやすく人々へ伝え、いま見るような国民的史学にまで広めた功績は大きい。その氏の晩年にお付き合い出来たのは、幸運であった。

氏は中央重視の史観を離れ、各地域史を大切にされた。ときに中央さえも一地域に数え、地域の集合から歴史を再構築する道を選ばれた。結果、関東に「関東学」が、この東海に「東海学」が生まれた。考古、歴史、地理、民俗、文学など多方面の学問の力を借りながら、「東海の特質」を探り、「東海とは?」という基本的な問いに答えていこうというのが、「東海学」である。

二〇年前「春日井シンポジウム」を立ち上げる際に、コーディネーター役をお願いするため、京都の今出川にあった同志社大学の森研究室を訪れ、氏にお会いした。これが最初で、以後ずっとシンポ企画の中心的役割を担っていただくことになったが、その間に、実に多くのことを学んだ。ここに逐一それを並べるわけにはいかないが、いちばん影響を受けたのが、食に対する考え方である。

定年後、事務所を錦市場に近いマンションの一室に移された。選地のポイントは錦市場にあると思われるが、氏の食に対する関心は、生半可なものではない。五二歳から二一年間に食べたすべての食材が一冊の本に記録されている。統計をとるための訓練期間を設けたうえ、ちょっと入った飲み屋でも、ちゃんと箸袋にメモ書きされるから、記録は大いに信用できるのである（『森浩一、食った記録』）。講演は、地方の小さな町の要請にも応えられ、旅行をかねて出かけられる。そして必ずその土地のものを食される。世にいう美食家とは一線を画し、むしろ食いしん坊を自称される。それにしても二一年にわたり毎日欠かさず三度の食事を食材別に記録するなどは、凡人の為せる業《わざ》ではない。そっと発刊された本であまり知られていないが、私のお宝本である。

春日井市で二〇年つづいたシンポジウムの第一六回は「食」がテーマになり、二一年目の今年、官営を離れ、新たに民間主催となったが、その第一回「東海学シンポジウム」で再び「食」をテーマに取り上げた。森氏への鎮魂のつもりが、逆に魂を呼びさましそうな気もしている。

民営初のシンポに間に合うよう、というより式年遷宮に間に合うよう出版社「ゆいぽおと」の山本直子氏からせっつかれて「伊勢への旅」を書いているさ中に、森浩一氏の訃報を聞いた。これも何かの因縁であろう。因縁といえば、山本さんは私が高校教師をしていたときの教え子で、今年三八年ぶりに顔を合わせた。

主要参考文献

『鸚鵡籠中記』市橋鐸翻刻　『名古屋叢書続編』9〜12　一九六五年
『元禄御畳奉行の日記』神坂次郎　中公新書　一九八四年
『平家物語』日本古典文学大系　岩波書店
『玉葉』九条兼実　国書刊行会　一九〇六年
『高野聖』五来重　角川ソフィア文庫　二〇一一年
人物叢書『西行』目崎徳衛　吉川弘文館　一九八九年
新訂『山家集』西行　佐佐木信綱校訂　岩波文庫　一九二八年
『高野聖』泉鏡花　集英社文庫　一九九二年
『西行』西澤美仁　角川ソフィア文庫　二〇一〇年
『日本史文献解題辞典』加藤友康　由井正臣　編　吉川弘文館　二〇〇〇年
『三正綜覧』内務省地理局編　帝都出版社　一九三二年
『元亨釈書』（巻一四東大寺重源）新訂増補国史大系第三十一巻　吉川弘文館　一九三〇年
『伊勢太神宮参詣紀』『真福寺善本叢刊』第八巻　臨川書店　二〇〇〇年
『日本の名僧6　旅の勧進僧重源』中尾堯編　吉川弘文館　二〇〇四年
『広重五十三次を歩く』下　土田ヒロミ　NHK出版　一九九七年
『吾妻鏡』新訂増補国史大系　吉川弘文館　一九六八年
『お伊勢まいり』西垣晴次　岩波新書　一九八三年
『足軽の生活』笹間良彦　雄山閣出版　一九九一年
『下級士族の研究』新見吉治　巌南堂書店　一九七九年
『金城温古録』奥村得義　名古屋叢書続編13　一九六五年
『江戸の料理と食生活』原田信男編　小学館　二〇〇四年
『徳川実紀』第三・第四篇　吉川弘文館　一九三〇年
『名古屋城年誌』服部鉦太郎　名古屋城振興協会　一九六七年
『将軍の座』林董一　新人物往来社　一九七〇年
『伊勢の津歴史散歩』横山高治　創元社　二〇〇七年
『新修名古屋市史』第3巻　名古屋市　一九九九年

『万治年間之名古屋図』　名古屋城振興協会蔵
『尾府名古屋図』（江戸中期）名古屋市蓬左文庫蔵　刊行
『武士の家計簿』磯田道史　新潮新書　二〇〇三年
『大江戸「懐」事情』小林弘忠　実業之日本社　二〇〇三年
『元禄ことば事典』田中煇　中日出版社　一九八五年
『江戸川柳尾張・三河歩き』小野眞孝　三樹書房　二〇〇四年
『熱田区の歴史』三渡俊一郎　愛知県郷土資料刊行会　二〇一〇年
『伊勢詣と江戸の旅』金森敦子　文春新書　二〇〇四年
『目で見る桑名の江戸時代』桑名市教育委員会　一九八三年
『江戸の旅東海道五十三次物語』今井金吾　河出文庫　一九八八年
『三重県の歴史散歩』山川出版　二〇〇七年
『発見！三重の歴史』三重県史編さんグループ　新人物往来社　二〇〇六年
人物叢書『大黒屋光太夫』亀井高孝　吉川弘文館　一九八七年
『三重県の地名』日本歴史地名大系題24巻　平凡社　一九八三年
『国語大辞典』小学館　一九八一年
『随筆泥仏堂日録』川喜多半泥子　解説森孝一　講談社文芸文庫　二〇〇七年
『三雲町誌』第一巻通史編　三雲町　二〇〇三年
『お伊勢さんの遷宮』伊勢志摩編集室　一九九三年
『備後国風土記』日本古典文学大系『風土記』岩波書店　一九五八年

大下　武（おおした　たけし）

一九四二年生まれ。早稲田大学文学部国史専修卒業。日本考古学専攻。愛知県立高校教諭を経て、春日井市教育委員会文化財課専門員として、二十年続いた「春日井シンポジウム」の企画、運営に携わる。

現在、ＮＰＯ法人東海学センター理事。

著書に『城北線　歴史歩き』『愛環鉄道歴史歩き　上、下』『スカイツリーの街　歴史歩き』（大巧社）。

遠いむかしの伊勢まいり
朝日文左衛門と歩く

２０１３年10月13日　初版第1刷　発行

著　者　大下　武

発行者　ゆいぽおと
〒４６１-０００１
名古屋市東区泉一丁目15-23
電話　０５２（９５５）８０４６
ファックス　０５２（９５５）８０４７
http://www.yuiport.co.jp/

発売元　ＫＴＣ中央出版
〒１１１-００５１
東京都台東区蔵前二丁目14-14

印刷・製本　モリモト印刷株式会社

ISBN978-4-87758-443-6 C0021

ゆいぽおとでは、
ふつうの人が暮らしのなかで、
少し立ち止まって考えてみたくなることを大切にします。
テーマとなるのは、たとえば、いのち、自然、こども、歴史など。
長く読み継いでいってほしいこと、
いま残さなければ時代の谷間に消えていってしまうことを、
本というかたちをとおして読者に伝えていきます。